Deutschbuch 6

für Gymnasien in
Baden-Württemberg

Arbeitsheft

Rechtschreibung
Grammatik
Texte schreiben
Texte erschließen
Arbeitstechniken

Herausgegeben von
Margret Fingerhut und
Bernd Schurf

Erarbeitet von
Armin Fingerhut,
Christoph Fischer
und Manuela Wölfel

Inhalt

ARBEITSTECHNIKEN

Klassenarbeitstraining 3
Klassenarbeiten vorbereiten 3
Klassenarbeiten schreiben 6
Klassenarbeiten überarbeiten 10
Klassenarbeiten nachbereiten 11

Protokollieren 12

SPRECHEN UND SCHREIBEN

Erörtern 15
Freie Erörterung 15
Textgebundene Erörterung 24

Kreatives Schreiben 28
Kreatives Schreiben zu Bildern 28
Eine Kurzgeschichte zu einem Bild
schreiben 30

Gestaltendes Interpretieren 31

NACHDENKEN ÜBER SPRACHE · NACHDENKEN ÜBER SPRACHE · NACHDENKEN

Grammatik

**Satzgefüge/Zeichensetzung
bei Satzgefügen** 36
Adverbialsätze 39
Inhaltssätze 41
Relativsätze 42

Konjunktiv 43
Konjunktiv I 43
Konjunktiv II 44

Redewiedergabe 45
Indirekte Rede......................... 45
Andere Formen der Redewiedergabe 46
Zeichensetzung bei wörtlicher Rede 48

Rechtschreibung

Groß- und Kleinschreibung 49
Mehrteilige Eigennamen.................. 49
Herkunftsbezeichnungen 50
Zeitangaben........................... 51
Desubstantivierungen 52

Getrennt oder zusammenschreiben? 53

„das" oder „dass"? 58

Texte überarbeiten 60

UMGANG MIT TEXTEN · UMGANG MIT TEXTEN · UMGANG MIT TEXTEN

Reden analysieren 63
Redesituation klären 63
Begriffe klären 65
Rhetorische Figuren erkennen 68
Leitfragen zur Redeanalyse 69

Erzählende Texte erschließen 73
Die Erzählerin/der Erzähler 73
Die Kurzgeschichte 76
Inhaltsangabe 78
Aspekte der Interpretation 79
Merkmale des Erzählens 80

Gedichte erschließen 81
Der formale Aufbau: Sonett 84
Die sprachliche Gestaltung 85

Dramenszenen erschließen 87
Der Prolog 87
Episches Theater 88
Die Exposition: Inhalt/Aufbau klären 90
Leitfragen zu Inhalt/Aufbau 92
Die Figurenkonstellation untersuchen..... 93
Die Wirkungsabsicht erschließen 95

☆ *Aufgaben mit erhöhtem Schwierigkeitsgrad*

*Du kannst dieses Arbeitsheft auch bei der Freiarbeit
verwenden. Mit dem Lösungsheft kannst du deine
Lernergebnisse selbst überprüfen.*

Klassenarbeiten vorbereiten

Im Deutschunterricht der Klasse 10c wurde in den letzten sechs Wochen das Thema „Argumentation und Erörterung" behandelt. Jetzt, unmittelbar vor der Klassenarbeit, ziehen die Lehrerin und die Schüler jeder für sich Bilanz zum Stand der Dinge.

Die **Lehrerin** geht von folgenden Voraussetzungen bei ihren Schülern aus:

- Generell wissen die Schüler, dass sie für den Deutschunterricht einen Schnellhefter führen sollen, in dem alle Materialien, Schul- und Hausarbeiten abgeheftet werden.
- Wie man eine Erörterung schreibt, wurde den Schülern in einzelnen Lernschritten beigebracht und in einer Übersicht an der Tafel festgehalten.
- Zu allen Lernschritten gab es mündliche und schriftliche Übungen, deren Ergebnisse überprüft und gegebenenfalls korrigiert wurden.
- Wichtige Fachbegriffe wurden im Unterricht erläutert und die Begriffsbestimmungen an der Tafel festgehalten.
- Die Schüler hatten mehrmals die Gelegenheit, durch eine Hausarbeit die Aufgabenstellung der Klassenarbeit (natürlich an anderen Themen) zu üben.
- Die Hausarbeiten wurden regelmäßig besprochen, Fehler aufgewiesen und korrigiert, gute Ergebnisse herausgestellt und das Positive kenntlich gemacht.
- Die Schüler wurden wiederholt aufgefordert, Fragen zu stellen, wenn sie etwas nicht verstanden haben.

Für **Benno** stellen sich seine persönlichen Voraussetzungen so dar:

- Zu Beginn der Unterrichtsreihe war er eine Woche krank; sein Freund hat ihm zwei Arbeitsblätter aus der Schule mitgebracht, aber ohne Lösung; auch die Erklärungen des Freundes hat Benno nicht richtig verstanden.
- Immer wieder werden im Unterricht Begriffe benutzt, deren Bedeutung Benno nicht ganz klar ist; da alle anderen sie aber zu verstehen scheinen, will er nicht nachfragen.
- Während des Unterrichts hat Benno beim Abschreiben von der Tafel mehrmals getrödelt, sodass einige Mitschriften unvollständig geblieben sind.
- Die erste Hausaufgabe hat er zu machen vergessen; bei der Besprechung im Unterricht hat er zwar zugehört, sich aber keine Notizen gemacht.
- Die zweite Hausaufgabe hat er angefangen, aber nach einer Viertelstunde abgebrochen, weil er zum Training musste.
- Für die dritte Hausarbeit wollte er auch nicht so viel Zeit brauchen und hat sie deshalb ziemlich schnell „runtergeschrieben"; selbst nicht von seinem Ergebnis überzeugt, hat er dann im Unterricht darauf verzichtet, sie vorzutragen.
- In dem Ordner, in dem Benno seine Unterlagen für alle Fächer sammelt, herrscht ziemliches Chaos; an Deutschunterlagen findet er am Nachmittag vor der Klassenarbeit nur wenige Seiten mit Notizen ohne Datum und Überschrift.

1 *Vergleiche die von der Lehrerin angenommenen mit Bennos tatsächlichen Voraussetzungen.*

Arbeitstechniken

2 *Was kannst du Benno raten? Ziehe den Vergleich aus Aufgabe 1 auf S. 3 heran und leite daraus „Tipps zur Vorbereitung von Klassenarbeiten" ab.*

Auch wenn man im Unterricht immer aufpasst, alles Wesentliche mitgeschrieben und die Hausaufgaben gemacht hat, ist eine spezielle Vorbereitung vor der Klassenarbeit unerlässlich. Dazu der erste wichtige Ratschlag:

Rechtzeitig mit dem Üben und Lernen anfangen!

3 *Erläutere, inwiefern die folgende Grafik den oben genannten Ratschlag begründet. Füge weitere Argumente aus deiner eigenen Erfahrung hinzu.*

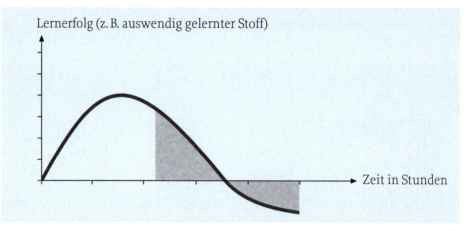

Notiere nicht nur die Klassenarbeitstermine. Plane auch die Vorbereitungsphasen dafür ein. Verteile den Lernstoff in kleinen Einheiten auf fünf Tage.

Klassenarbeitstraining

4 a) Was machst du konkret, wenn du dich auf eine Deutscharbeit vorbereitest? Liste in deinem Heft einige typische Tätigkeiten auf.
b) Vergleiche deine Vorbereitung mit dem, was der folgende Text vorschlägt:

Klassenarbeiten vorbereiten – aktiv lernen

Wenn du bei den Klassenarbeiten erfolgreich sein willst, solltest du in jedem Fall frühzeitig mit dem Lernen beginnen und dir den zu wiederholenden Stoff in kleinere Einheiten einteilen. Auf diese Weise prägst du dir den Stoff besser ein, du vermeidest ein bloßes Abspeichern im Kurzzeitgedächtnis und gewinnst zudem Sicherheit und Selbstvertrauen. Wichtig beim Wiederholen ist es aber auch, dass du bei den Lernmethoden möglichst abwechselst und dir den Stoff aktiv erarbeitest. Bloßes Lesen oder Überfliegen ist zwar bequem, es reicht aber nicht! Du hast zum Beispiel folgende Möglichkeiten, den Lernstoff ins Langzeitgedächtnis zu bekommen: Schreibe die Schlüsselbegriffe des jeweiligen Textes heraus, formuliere zu Sachtexten abschnittsweise kurze Zusammenfassungen, fasse den Inhalt des Textes für dich (oder einen Mitschüler, ...) mündlich zusammen, versuche, den Lernstoff grafisch darzustellen (z. B. in einer Skizze oder einem Pfeildiagramm), erstelle Lernkärtchen oder einen Spickzettel, arbeite mit Eselsbrücken oder versetze dich in die Rolle des Lehrers und überlege dir mögliche Klassenarbeiten zum jeweiligen Stoff. Grundsätzlich gilt: Je intensiver du mit dem Stoff umgegangen bist und je aktiver du dabei gearbeitet hast, desto größer ist der Wissensgewinn und damit die Erfolgsaussicht bei der Klassenarbeit.

c) Erläutere mit eigenen Worten, was der Verfasser des Textes mit „aktivem Lernen" meint.

d) Gehe die im Text genannten Übungsformen noch einmal durch und notiere dir in deinem Heft oder auf einem Notizzettel oder -kärtchen Möglichkeiten, diese für die Vorbereitung einer (evtl. der nächsten) Deutscharbeit umzusetzen.

Übrigens: Das **Gedächtnis** kann man **trainieren** – wenn du also Schwierigkeiten hast, dir Gelerntes zu merken, solltest du einmal eine allgemeine Gedächtnisübung wie die folgende ausprobieren:

5 a) Sieh dir die unten stehende Information **eine Minute** genau an.

Busreise, 8.30 Uhr	Fensterplatz	Frau Meyer
Haus der Geschichte	14. August	Taschengeld
Fahrer Herr Krämer	mit Mittagessen	Ankunft 10.30 Uhr

b) Decke die Information zu und zähle anschließend in Dreierschritten von 45 rückwärts bis null (45, 42, 39 ...). Schreibe dann die Information auf ein Blatt Papier und überprüfe ihre Richtigkeit.

5

Arbeitstechniken

Klassenarbeiten schreiben

Angenommen, es wird in einer Deutscharbeit eine Kurzgeschichte zum Gegenstand gemacht, und zwar mit folgender Aufgabenstellung:

1. Fasse den Inhalt der Kurzgeschichte knapp zusammen.
2. Erläutere, was mit diesem Text zum Ausdruck gebracht wird.
3. Überprüfe, welche typischen Merkmale einer Kurzgeschichte der Text aufweist.

1 *Lies die folgenden Ausschnitte aus einer Klassenarbeit und beschreibe die Probleme, mit denen der Schüler/die Schülerin zu kämpfen hatte:*

1. Die Familie in der Geschichte saß *(sitzt)* am Tisch und unterhielt sich. Man weiß erst nicht genau, um wen es geht, aber dann wird es doch klar: Es soll klar werden, dass keiner begriffen hat, worum es der Tochter geht, wie sie dazu steht.

3. Eine Kurzgeschichte hat folgende Merkmale:
   1) unvermittelter Anfang
   2) alltägliche Situation
   3) offener Schluss ...

* Noch zu Aufgabe 3:
In der Geschichte fängt der Anfang auch unvermittelt an und das Ende hört plötzlich auf und auch alle anderen Merkmale der Kurzgeschichte sind zu erkennen.

Klassenarbeitstraining

2 *Wie kann man Probleme, wie du sie in Aufgabe 1 auf S. 6 beschrieben hast, in den Griff bekommen? Bringe die folgenden Arbeitsschritte in die richtige Reihenfolge. Füge Zusammengehörendes zusammen und schreibe einen Arbeitsplan in fünf Schritten auf. Ergänze: Wie viel Zeit sollte man in etwa bei einer 90-minütigen Klassenarbeit für die verschiedenen Arbeitsschritte aufwenden?*

den Klassenarbeitstext zu den einzelnen Aufgaben ausformulieren

dabei auf gedankliche Gliederung (Konzept!) achten

ein kurzes Konzept zu jeder Aufgabe auf einem Extrablatt entwerfen

Aufgabenstellung genau lesen und sich klarmachen, was genau verlangt wird

alles Geschriebene noch einmal lesen und auf Fehler und Unstimmigkeiten achten

den Text zweimal lesen, beim zweiten Mal Wichtiges markieren

gegebenenfalls Fragen zum Text oder zur Aufgabenstellung mit dem Lehrer klären

Arbeitsschritte	veranschlagte Zeit
Schritt 1: _____	_____
_____	_____
Schritt 2: _____	_____
_____	_____
Schritt 3: _____	_____
_____	_____
Schritt 4: _____	_____
_____	_____
_____	_____
Schritt 5: _____	_____
_____	_____

TIPP

Verliere bei einer Klassenarbeit niemals die **Zeit** aus dem Auge!
Wenn du an einer Stelle nicht weiterkommst, so versuche, mit einer anderen Aufgabe fortzufahren, und widme dich dem Problem erst wieder, wenn du die anderen Teile der Arbeit fertig hast.
Kalkuliere so, dass du auf jeden Fall noch Zeit zum Nachlesen deiner Arbeit hast (s. S. 10).

Arbeitstechniken

Konzentration, bitte!

Ein in Meditation erfahrener Mann wurde einmal gefragt, warum er trotz seiner vielen Beschäftigungen immer so gesammelt sein könne. Er sagte:
„Wenn ich stehe, dann stehe ich.
Wenn ich gehe, dann gehe ich.
Wenn ich sitze, dann sitze ich.
Wenn ich esse, dann esse ich.
Wenn ich spreche, dann spreche ich."
Da fielen ihm die Fragesteller ins Wort und sagten: „Das tun wir doch auch."
Er aber sagte zu ihnen: „Nein, wenn ihr sitzt, dann steht ihr schon; wenn ihr steht, dann lauft ihr schon; wenn ihr lauft, dann seid ihr schon am Ziel."

3 a) Notiere zu dieser Geschichte mit ein paar Stichworten ähnliche Erfahrungen aus deinem Alltag.

b) Formuliere in einem Merksatz die „Lehre" des Mannes.

Konzentration kann man trainieren! Es gibt viele kleine Übungen, mit deren Hilfe man die Gedanken zunächst von allem, was einen gerade so beschäftigt, abziehen und auf einen Punkt, eine Aufgabe richten und sammeln kann. Ist das gelungen, fällt auch der zweite Schritt, die Konzentration auf die eigentlich zu leistende Aufgabe, nicht mehr so schwer.

Kleines „Gehirnjogging"

4 *Ohne jegliche Hilfsmittel und an jedem Ort ist folgende Übung möglich: Betrachte bewusst einen Gegenstand in deiner Umgebung (z. B. deinen Schrank an der gegenüberliegenden Wand). Mache dir Größe, Form, Farben, Unterteilungen, Material etc. bewusst. Schließe dann die Augen und male den Gegenstand im Kopf nach. Öffne die Augen wieder und vergleiche dein „Kopfbild" mit der Realität: Was hast du vergessen oder falsch gemacht? Wiederhole die Übung mit einem anderen Gegenstand.*

5 *Schau dir die nebenstehende Figur **drei Minuten** lang an. Merke dir genau, wie die Quadrate zueinander stehen. Decke dann die Figur ab und zeichne sie aus dem Gedächtnis auf ein weißes Papier. Vergleiche dein Ergebnis mit dem Original.*

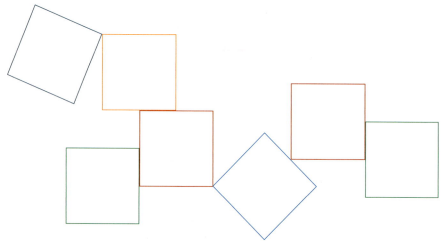

6 Bei dieser Übung siehst du Buchstabenreihen, die aus lauter „u" und „n" bestehen. Über und unter den Buchstaben befinden sich Striche. Du sollst alle „n" durchstreichen, die zwei Striche haben. Dabei ist es egal, ob sich die Striche beide über, beide unter oder je einer über und unter dem „n" befinden. Durchgestrichen werden muss also jede der drei Formen: n̄̄ n̠ n̠̄

Die Aufgabe ist in **zwei Minuten** *zu lösen!*[1]

[1] **Aufgaben** wie diese findet man häufig in Einstellungsprüfungen.

7 a) Lies den folgenden Text und halte in einem Satz fest, wie sich das Trinken auf die Konzentrationsfähigkeit auswirkt.

Auch bei Klassenarbeiten trinken

Gütersloh. 95 Prozent der Deutschen trinken zu wenig und vermindern dadurch ihre Konzentrationsfähigkeit. Wie der Sportwissenschaftler Elmar Wienecke auf einer Tagung über Ernährungsfragen in Gütersloh berichtete, haben Stresshormonanalysen gezeigt, dass sich eine zu geringe Flüssigkeitszufuhr negativ auf die Aufmerksamkeit auswirkt. Das teilte die Bertelsmann Stiftung mit. Besonders Schüler würden oft viel zu wenig trinken, kritisierte Wienecke.

Lehrer könnten die Konzentrationsfähigkeit ihrer Schüler erhöhen, wenn sie darauf achten, dass während des Unterrichts und längerer Klassenarbeiten genügend getrunken wird. Insgesamt hält Wienecke es für wichtig, „über den Durst" zu trinken. Das Durstgefühl sei vor allem bei Frauen und Kindern oft zu schwach ausgeprägt. Der Ernährungsexperte empfahl Mineralwasser, Apfelschorle sowie Frucht- oder Kräutertee.

b) Überprüfe deine eigene Flüssigkeitszufuhr in der Schule und bei Klassenarbeiten. Sprich das Thema in der Klasse an, sodass ihr gemeinsam mit eurem Lehrer/eurer Lehrerin überlegen könnt, ob bestehende Regelungen sinnvoll sind oder geändert werden sollten.

Arbeitstechniken

Klassenarbeiten überarbeiten

TIPP

Bei den Überlegungen zur richtigen Zeiteinteilung (s. S. 7) solltest du auch einen gewissen Zeitraum für die Überarbeitung deiner Klassenarbeit ansetzen.

Diese letzte Phase der Klassenarbeit ist ganz wichtig, denn nicht selten unterlaufen einem unter dem Leistungs- und Zeitdruck einer schriftlichen Prüfung Fehler und Flüchtigkeiten, über die man beim erneuten Lesen stolpert und die man dann noch korrigieren kann.

Die unten stehende Checkliste kann dir bei der Überarbeitung helfen.

Checkliste zur Überarbeitung von Klassenarbeiten

I.   – Habe ich **alle Aufgabenteile bearbeitet**? (Abhaken auf dem Aufgabenblatt)
   – Habe ich **alle Ideen vom Konzeptpapier** auch **umgesetzt**?

II.   **Durchlesen** der eigenen Lösungen **mit besonderer Aufmerksamkeit für**
   1. **Zeichensetzungsfehler**:
      – Kommas (vor allem zwischen Haupt- und Nebensätzen, z. B. bei „dass"- und Relativsätzen)
      – Satzschlusszeichen

   2. **Zitate**:
      – mit Redezeichen und Zeilen-/Seitenangabe gekennzeichnet?
      – bei indirekter Rede: Konjunktiv benutzt?
      – Passen die Zitate zur Aussage?

   3. **Rechtschreibung** (vor allem „dass"/„das"; substantivierte Adjektive/Verben u. Ä.)

   4. **Satzbau**:
      – Sind alle Sätze vollständig und in ihrer Konstruktion korrekt?
      – Keine „Bandwurmsätze"? (Gegebenenfalls kürzen oder ändern!)

   5. **Ausdruck**:
      – Keine Umgangssprache verwendet?
      – Passende Wörter und Fachbegriffe benutzt?

   6. **Schlüssigkeit**:
      – Habe ich meine Gedankengänge nachvollziehbar und verständlich dargestellt? Oder gibt es Lücken? Sprünge? Unlogisches?
      – Habe ich meine Aussagen mit Textstellen belegt?

   7. **Strukturierung**:
      – Habe ich Sinnabschnitte durch Absätze kenntlich gemacht?
      – Ansonsten: Nachträglich wenigstens Absätze markieren (Korrekturzeichen ⌐)!

III.   **Formalia bei losen Blättern**:
   – **Name** auf allen Blättern
   – **Seiten durchnummerieren**

TIPP

Konzentriere dich bei der Überarbeitung tatsächlich auf die in der Liste angeführten Aspekte – in den letzten zehn Minuten die Arbeit als Ganzes in Frage zu stellen und neu schreiben zu wollen, hat keinen Sinn! Deshalb auch Vorsicht beim radikalen Streichen größerer Partien in den letzten Minuten!

Gewöhne dich an die Checkliste, indem du sie regelmäßig bei Hausaufgaben nutzt – dann weißt du in der Klassenarbeit, was du zu tun hast. Außerdem entwickelst du dann ein Gespür für deine persönlichen Fehlerschwerpunkte. Manche Klassen dürfen solche Checklisten während der Klassenarbeit verwenden.

Klassenarbeiten nachbereiten

Bei der Rückgabe der Klassenarbeit interessiert dich wahrscheinlich eigentlich nur eins: die Note! Und gerade, wenn die nicht so gut wie erwartet oder gewünscht ausfällt, ist die Lust, sich noch einmal mit der Arbeit zu beschäftigen, nicht besonders groß – aber Achtung! Es wäre ganz falsch, die Klassenarbeit keines weiteren Blickes zu würdigen, denn:

Aus Fehlern kann man lernen!

Deshalb solltest du dir die folgenden Schritte im Umgang mit deinen Klassenarbeiten zur Aufgabe machen!

1 a) *Schau dir sorgfältig die Korrekturen und Bemerkungen des Lehrers/der Lehrerin in deinen Klassenarbeiten an und frag nach, wenn du nicht verstehst, was du falsch gemacht hast.*

   b) *Lege dir einen Fehlerbogen an, in dem du festhältst, welche Fehler dir bei den Klassenarbeiten (und auch bei Hausaufgaben) wie oft unterlaufen. Die Liste wird dir schon bald zeigen, wo deine persönlichen Fehlerschwerpunkte liegen.*

   Ein Fehlerbogen könnte z. B. so aussehen:

Mein persönlicher Fehlerbogen in Deutsch				
	1. Klassenarbeit	**2. Klassenarbeit**	**3. Klassenarbeit**	**4. Klassenarbeit**
I. Sprache				
– Rechtschreibfehler	卌	‖‖	卌 ‖	‖‖
– Zeichensetzungsfehler	卌 卌	卌 卌 ‖	卌 ‖‖	卌 卌 !
– Satzbaufehler	‖	‖‖		
– Tempusfehler	‖			
– Modusfehler				
– Ausdrucksfehler	‖	‖‖	卌	‖‖ !
– Grammatikfehler				
...				
II. Inhalt				
– sachliche Fehler				
– falsche Textbezüge				
– keine Gliederung				
– mangelnde Logik				
– unklarer Ausdruck	‖‖	‖‖	‖	‖‖ !
...				

   c) *Beschäftige dich intensiv mit den Fehlern, die gehäuft auftreten.*
   *Bei **sprachlichen Schwierigkeiten** solltest du*
   – *die Fehler aus den Klassenarbeiten berichtigen,*
   – *diese Fehler in eine Lernkartei aufnehmen, damit du deinen Lernerfolg regelmäßig überprüfen kannst,*
   – *zusätzliches Übungsmaterial zu deinen Fehlerschwerpunkten bearbeiten, wie du es z. B. in diesem Arbeitsheft findest. Du kannst auch deinen Lehrer oder deine Lehrerin nach weiterem Material fragen.*
   *Bei **Ausdrucksschwierigkeiten** solltest du*
   – *dir einzelne Sätze oder Abschnitte vornehmen und sie so umformulieren, dass die Schwäche (z. B. falscher Satzbau oder unpassender Ausdruck) behoben ist, und auch beim Schreiben der Hausaufgaben besonders sorgfältig auf deine Formulierungen achten.*
   *Bei **inhaltlichen Schwierigkeiten** solltest du*
   – *die Aufgabe(n) der Klassenarbeit noch einmal – ganz oder teilweise, je nach Ergebnis – neu überdenken und lösen,*
   – *dir bessere Arbeiten von deinen Klassenkameraden ausleihen und sie mit deinen Ergebnissen vergleichen.*

   d) *Mache es dir zur Angewohnheit, vor einer Klassenarbeit noch einmal die Fehler der letzten Arbeit zu begutachten und deinen Fehlerbogen zu befragen. Konzentriere dich dann während der Klassenarbeit besonders darauf, die dir bekannten Schwächen zu vermeiden!*

Arbeitstechniken

Protokollieren

> Das Protokoll ist eine Form des Berichts. Es informiert sachlich, knapp und präzise über eine Veranstaltung, wie z. B. eine Diskussion, Schulstunde, Konferenz oder einen Gerichtsprozess. Konzentriert man sich auf die Ergebnisse der Veranstaltung, schreibt man ein **Ergebnisprotokoll**.
> Will man auch genau über den Ablauf des Geschehens (z. B. einer Diskussion) informieren, fertigt man ein **Verlaufsprotokoll** an.
> Das **Stundenprotokoll** ist zumeist eine Kombination von Ergebnis- und Verlaufsprotokoll; es berücksichtigt neben den Ergebnissen auch die wichtigsten Stationen des Unterrichtsverlaufs.
>
> Im **Protokollkopf** werden Veranstaltung, Datum, Uhrzeit, Ort, Anwesende, Abwesende, Protokollant und Thema angegeben.
> Es folgt die Gliederung des Hauptteils in **Tagesordnungspunkte (TOPs)**.
> Unter dem Protokoll stehen Datum und Unterschrift der Protokollantin/des Protokollanten.
> Das Ergebnisprotokoll wird meist im Präsens abgefasst, das Verlaufsprotokoll kann im Präteritum oder im Präsens stehen.
> Die Beiträge einzelner Teilnehmer/-innen werden **in indirekter Rede im Konjunktiv** wiedergegeben.

1 *Lies den folgenden Protokollausschnitt.*

Klasse 10a Geschichte, Frau Rupp

Protokoll der Geschichtsstunde vom 11. 6. 2007
Zeit: 4. Unterrichtsstunde
Klassenraum: 324
Anwesend: 28 Schüler/-innen; Frau Rupp
Abwesend: Stefan Kurz
Protokollant: Jörg Wader
Thema: Ursprünge und Struktur frühgriechischer Stämme

Tagesordnung:
1. Unterschiede zwischen minoischer und mykenischer Kultur
2. Die griechische Völkerwanderung (Lokalisierung und Gründe)
3. Gesellschaftsstruktur der frühgriechischen Stämme

TOP 1:
Wir untersuchen zuerst in Gruppen anhand einiger Texte und Bilder im Geschichtsbuch (S. 6) die besonderen Merkmale der minoischen und der mykenischen Hochkultur und schreiben die Ergebnisse an die Tafel. Bei der Besprechung der Unterschiede bemerkt Markus, dass bei den mykenischen Bauten die militärische Funktion ins Auge _____ (fallen), bei den minoischen dagegen eher künstlerische Aspekte. Friederike ergänzt, dass die Zentren der mykenischen Kultur wie Burganlagen militärisch _____ (geschützt sein) und dass das einfache Volk keinen Zugang _____ (haben). Die Palastzentren der minoischen Kultur, so Volker, _____ (sein) frei für alle Stammesmitglieder zugänglich und _____ (werden) als Zentren des sozialen, kulturellen und religiösen Lebens genutzt.

2 *Setze die passenden Konjunktivformen in die Lücken. Wenn du dir nicht sicher bist, kannst du in den Abschnitten zum Konjunktiv (S. 43 f.) und zur indirekten Rede (S. 45) nachschlagen.*

Protokollieren

TOP 2:
Anschließend untersuchen wir die griechische Wanderung in der Zeit nach der mykenischen Kultur, also ab 1200 v. Chr. Mit Hilfe der Geschichtsatlanten können wir die eingewanderten Stämme lokalisieren und fünf „Haupt-stämme" unterscheiden:
Die Dorer, die sich auf dem Peloponnes, in der Argolis, in Korinth, auf den ägäischen Inseln, auf Kreta und in Karien (Kleinasien) niedergelassen hatten, bildeten die größte Dialektgruppe. Die Ionier, die sich in Attika, auf Samos, Chios und in Kleinasien angesiedelt hatten, und die Äoler (Thessalien, Kleinasien, Lesbos) waren ebenfalls relativ große Stämme. Die beiden anderen Dialektgruppen, die Nordwestgriechen (Thessalien, Ätolien) und die Arkader (Arkadien), hatten nur kleine Territorien. [...]

3 *Welcher Protokolltyp überwiegt beim ersten, welcher beim zweiten Protokollausschnitt? Notiere in Stichworten die Unter-schiede.*

4 *Lies den folgenden Ausschnitt aus einer Diskussion der Klasse 10 a am Friedrich-Schiller-Gymnasium über Elisabeth I., die Gegenspielerin der Hauptfigur Maria Stuart in Schillers Drama „Maria Stuart" (2. Schulstunde, 15. 1. 2007, 29 Schüler/-innen, Lehrer: Herr Wurm, Protokollant: Felix Wild).*

CHRISTIANE: Ich denke, dass Königin Elisabeth gar keine Wahl blieb, sie musste Maria Stuart hinrichten lassen, sonst hätte ihre Herrschaft fortwährend auf wackligen Füßen gestanden. Auch so stellt sich ja schon die Frage, ob sie eigentlich die rechtmäßige Königin ist. Eine lebende Maria Stuart wäre viel zu gefährlich gewesen.

PETER: Also ich glaube, dass Elisabeth nur eifersüchtig war. Sie hat Maria aus rein egoistischen Gründen töten lassen. Es heißt ja immer, dass Maria so schön gewesen sein soll. Wahrscheinlich war sie superneidisch. Obwohl, wenn ich die Bilder von Maria anschaue, finde ich sie gar nicht hübsch.

ALEXANDRA: Damals hatte man halt noch ein anderes Schönheitsideal.

SÖREN: Also, wenn ich die Bilder anschaue, dann gab es damals gar kein Schönheitsideal.

(Markus und Emre kichern.)

HERR WURM: Kommt bitte wieder zum Thema zurück. Stimmen alle mit Christiane überein, dass Königin Elisabeth ihre Gegenspielerin Maria hinrichten lassen musste?

MARTIN: Ich denke, dass ihr die Legitimation für ein solches Urteil fehlte. Es kommt ja auch immer wieder im Stück zur Sprache, dass es an entsprechenden Anklagepunkten mangelt. Auch unter rechtsstaatlichen Gesichtspunkten ist es sehr problematisch, Vergehen zu verurteilen, die in einem anderen Land begangen wurden. Deshalb darf Maria für den Kom-plott zur Ermordung ihres Gatten in Schottland nicht in England vor Gericht gebracht werden.

13

> Arbeitstechniken

ALEXANDRA: Viel wichtiger als den rein rechtlichen Aspekt finde ich, dass es Elisabeth an moralischer Berechtigung fehlt. Vor allem will sie ja auch vor ihrem Volk als gesetzestreue Herrscherin dastehen. Welcher Regent will schon den Anschein einer Willkürherrschaft erzeugen?

JULIA: Da gibt es doch auch heute noch genug, die willkürlich herrschen und die Gesetze zu ihrem eigenen Vorteil verbiegen und sich so über jegliche Moral hinwegsetzen. Für eine mächtige Herrscherin dürfte das doch kein Problem sein.

ANDREAS: Allerdings ist Elisabeth bei ihrem Volk sehr beliebt und wird heute noch als eine der größten englischen Königinnen verehrt. Sie hatte also einiges zu verlieren, nämlich die Zuneigung und Unterstützung ihres Volkes. Darum war sie mit Sicherheit darauf bedacht, nicht in Ungnade zu fallen.

AYSEL: Aber das englische Volk hasste Maria doch und forderte ihre Hinrichtung. Wenn Elisabeth nur auf Volkes Stimme gehört hätte, dann wäre Maria sehr schnell verurteilt worden. Daher denke ich, dass die moralischen Gründe, die Alexandra angesprochen hat, sehr wichtig sind.

MARIO: Elisabeth gibt sich ja auch immer sehr tugendhaft und vertritt dabei die Rolle der standhaften Frau. Allerdings halte ich das für Heuchelei. Gerade am Ende, wenn sie versucht, die Verantwortung für den Tod Marias von sich zu weisen, zeigt sich doch, dass sie bereit ist, über Leichen zu gehen und andere ins Unglück zu stürzen, nur um ihren Schein zu wahren.

TABEA: Ich halte Elisabeth trotzdem für eine große Königin. Wer regieren will, muss Kompromisse eingehen. Daher konnte Elisabeth Maria nicht leben lassen und gleichzeitig ihre Macht sichern. Moral und Politik gehen nun einmal nicht immer Hand in Hand. Aber für ihr Volk war sie eine gute Regentin. Und was kann man von einem Herrscher mehr verlangen?

5 *Fertige ein Stundenprotokoll zum hier behandelten ersten Tagesordnungspunkt an, indem du die Teilaufgaben a) bis c) bearbeitest.*
   a) Um den ersten Tagesordnungspunkt benennen zu können, solltest du zunächst die Themafrage formulieren, um die die Diskussion kreist.

TOP 1:

   b) Unterstreiche die wichtigsten Aussagen bzw. Thesen und Argumente im Text und stelle sie auf einem Konzeptblatt (Notizblatt) einander gegenüber.
   c) Anhand dieser Vorüberlegungen und Notizen kannst du jetzt dein Protokoll schreiben. Beginne mit den Angaben im Protokollkopf und der Benennung des ersten Tagesordnungspunktes. Formuliere dann das Protokoll in vollständigen Sätzen im Präsens. Arbeite im Heft.

6 *Wähle zur weiteren Übung eine Unterrichtsstunde aus. Schreibe in Stichworten den Unterrichtsverlauf mit und fertige anhand deiner Protokollnotizen ein vollständiges Stundenprotokoll an.*

Freie Erörterung

Die Erörterung ist eine Möglichkeit, sich schriftlich über das Für und Wider einer Sache klar zu werden. In der Regel werden gegensätzliche Standpunkte zu einem strittigen Sachverhalt mit ihren jeweiligen Begründungen einander gegenübergestellt, damit man zu einer fundierten eigenen Meinung gelangt, die sich schlüssig aus dem zuvor dargelegten Gedankengang ergibt.
Man kann zwei Arten der Erörterung unterscheiden:
Während die **textgebundene Erörterung** (s. S. 24 ff.) sich kritisch mit den Inhalten eines Textes auseinandersetzt, behandelt die **freie Erörterung** ein strittiges Thema unabhängig von einer Textvorlage.

Bei der freien Erörterung sind zwei Formen der Gestaltung möglich:

Dialektische (Pro-und-Kontra-)Erörterung	Lineare (steigernde) Erörterung
An der Aufgabenstellung kannst du erkennen, ob du **Argumente für gegensätzliche Standpunkte** zu einer These gegeneinander abwiegen musst. Beispiele für Aufgabenstellungen: • *Diskutiere ...*, z. B. die **Behauptung**: Noten sind ein wichtiger Ansporn für schulische Leistungen. • *Erörtere ...*, z. B. die **Forderung/Empfehlung**: Prüfungen sollten abgeschafft werden. • *Nimm Stellung ...*, z. B. zu der **Entscheidungsfrage**: Sind Noten ein geeignetes Mittel, um schulische Leistungen zu fördern?	An der Aufgabenstellung kannst du erkennen, dass du **zu einem Standpunkt Argumente sammeln** musst. Beispiele für Aufgabenstellungen: • *Begründe ...*, z. B. die **Sach- oder Ergänzungsfrage**: Warum sollte man nicht auf Noten verzichten?

1 Fülle die Lücken aus, indem du die folgenden Themen den in der Übersicht genannten Arten der Themenformulierung in der Aufgabenstellung zuordnest bzw. indem du Beispiele für die anderen Arten der Themenstellung bildest.

Entscheidungsfrage: Sollten Geschäfte am Sonntag öffnen dürfen?

_____: Geschäftsöffnung auch an Sonntagen!

Sach- oder Ergänzungsfrage: _____

Forderung: Frauen sollten wie Männer Wehr- oder Zivildienst leisten müssen.

Behauptung: _____

Entscheidungsfrage: _____

Sach- oder Ergänzungsfrage: _____

_____: Es ist sinnvoll, Gewaltdarstellung im Fernsehen zu verbieten.

Entscheidungsfrage: _____

Sach- oder Ergänzungsfrage: _____

Sprechen und Schreiben

> **1. Schritt: Themenerschließung und Stoffsammlung**
> Bei der Erschließung des Themas helfen **W-Fragen**.
> Eine **Mind-Map** erleichtert das Sammeln, Verknüpfen und Ordnen von Ideen.

2 *Notiere Fragen, die dir beim Erschließen des folgenden Themas helfen können:*

Sollten die Geschäfte auch sonntags öffnen dürfen?

_____
_____
_____
_____
_____
_____
_____
_____
_____

3 *Ergänze die folgende Mind-Map.*

- nur halber Sonntag
- Einschränkung
- Vorteile für den Konsumenten
- „Erlebniseinkauf" – sonntags viel Zeit
- Ladenöffnung am Sonntag?
- kein Wochenende
- Belastung für Verkäufer
- Gewinnsteigerung

Freie Erörterung

Stützung von Argumenten
Um Argumente anschaulicher und überzeugender zu machen, stützt man sie durch
- **Beispiele** (Fakten, Daten aus Statistiken, persönliche Erfahrungen),
- **Belege** (mehrheitlich anerkannte Meinungen/Grundsätze/Normen),
- **Zitate** (Expertenmeinungen).

4 *Ergänze in der folgenden Zusammenstellung jeweils die fehlende Stützung bzw. das fehlende Argument. Notiere weitere Pro- und Kontra-Argumente mit Beispielen, Belegen oder Zitaten. Du kannst dabei die nebenstehende Information nutzen.*

Lockerung des Ladenschlussgesetzes
Seit 2006 dürfen die Bundesländer die Ladenöffnungszeiten selbstständig regeln, ohne auf eine bundeseinheitliche Regelung Rücksicht nehmen zu müssen. Einige Bundesländer gaben daraufhin von Montag bis Samstag die Ladenöffnungszeiten bereits für die Adventszeit 2006 völlig frei. Andere Länder, darunter Baden-Württemberg, planen, diese Regelung für alle Werktage einzuführen. Allerdings soll der Sonntag weiterhin strengen Limitierungen in Bezug auf die Ladenöffnungen unterliegen. In seiner Predigt zum Buß- und Bettag 2006 warnte der EKD-Ratsvorsitzende, Bischof Wolfgang Huber, vor einer „Aushöhlung des Sonntagsschutzes", denn ein solches Verhalten bevorzuge eine „religionslose, ja atheistische Einstellung".

Argumente	Pro	Stützungen
		Beispiel: Der verkaufsoffene Sonntag bei der Kornwestheimer Kirbe erfreute sich auch in diesem Jahr einer großen Beliebtheit. Tausende zogen durch die Fußgängerzone und sorgten für ein buntes und fröhliches Treiben, das den Läden einen satten Umsatz bescherte.
Tankstellen, Bahnhöfen und Flughäfen kann man ohnehin keinen Ladenschluss verordnen. Die Kunden wissen den Service rund um die Uhr zu schätzen, obwohl die Waren nicht selten deutlich teurer sind. Der Schritt zur generellen Ladenöffnung am Sonntag wäre insofern nur konsequent und gerecht.		

17

Sprechen und Schreiben

Argumente	Kontra	Stützungen

Zitat:
„Da lügt man das Blaue vom Himmel runter", heißt es bei der IHK (Industrie- und Handelskammer) auf die Frage nach den Arbeitsplätzen. „Die großen Läden setzen in der Regel ihr Stammpersonal mit Extrabezahlung ein, nur die eine oder andere Teilzeitkraft wird vielleicht zusätzlich eingestellt."

Das für Familien so wichtige Wochenende wird durch die Liberalisierung des Ladenschlussgesetzes in Frage gestellt. Früher ist man auf die Straße gegangen und hat für das freie Wochenende gekämpft und demonstriert. Jetzt wird jede Gesetzesregelung ignoriert und dem Druck der Geschäftslobby nachgegeben, nur weil es in manch anderen Ländern auch keinen freien Sonntag gibt.

2. Schritt: Den Aufbau des Hauptteils planen

Eine Erörterung besteht wie andere Aufsatzarten aus **Einleitung**, **Hauptteil** und **Schluss**.
Bei einer **Pro-und-Kontra-Erörterung** gibt es zwei Formen des Aufbaus für den Hauptteil. Du kannst die Argumente entweder in zwei Blöcken anordnen (einen Pro- und einen Kontra-Teil) oder regelmäßig zwischen Pro- und Kontra-Argumenten wechseln.

1. Einleitung:	• Hinführung zur Themafrage (z. B. Hinweis auf die Aktualität der Problematik) • Verdeutlichung von These und Gegenthese zur zentralen Behauptung/Forderung/Frage

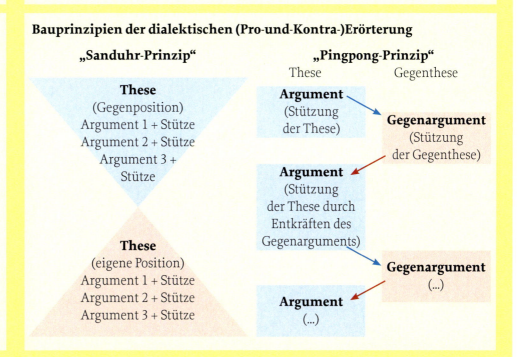

3. Schluss:	• Abwägung und eigene Entscheidung • Ausblick

Ein wichtiges Prinzip bei der Gliederung ist die **steigernde Anordnung der Argumente**. Du beginnst mit den weniger wichtigen und beschließt den Hauptteil deiner Erörterung mit den wichtigsten Argumenten für deine eigene Meinung. So hältst du deine Erörterung spannend und nutzt den Umstand, dass sich das zuletzt Gelesene oft am besten einprägt.

5 a) *Vervollständige das folgende Beispiel für eine Gliederung zum Thema „Ladenöffnung am Sonntag?" (Entscheidung gegen die Öffnung).*
Greife auf die Argumente aus Aufgabe 4 zurück.

1   Kunden wünschen freie Wahl der Einkaufszeiten

2   Ladenöffnung am Sonntag?

2.1   Die Ladenöffnung am Sonntag ist sinnvoll

2.1.1

2.1.2

2.1.3

2.1.4

2.2　Die Ladenöffnung erweist sich als nachteilig

2.2.1

2.2.2

2.2.3

2.2.4

3　Keine Erweiterung der Ladenöffnung am Sonntag

b) Skizziere in deinem Heft eine entsprechende Gliederung („Sanduhr-Prinzip", S. 19) bei Entscheidung für die Ladenöffnung an Sonntagen.
c) Entwirf zum gleichen Thema eine Gliederung mit regelmäßigem Wechsel zwischen Pro- und Kontra-Argumenten (siehe „Pingpong-Prinzip", S. 19).

3. Schritt: Die Einleitung und den Schlussteil konzipieren

Die **Einleitung** einer Erörterung soll beim Leser **Interesse wecken**, damit er weiterliest.
In ihr kann man Bezug nehmen auf
- ein aktuelles Ereignis,
- eine aktuelle Entwicklung,
- ein Umfrageergebnis oder
- ein Zitat.

Häufig finden sich in der Einleitung auch Begriffsklärungen oder Definitionen, die sich auf die Fragestellung beziehen. Am Ende der Einleitung steht die **Themafrage**, die zum Hauptteil überleitet.

Im **Schlussteil** werden noch einmal in knapper Form die **Hauptargumente zusammengefasst** und abgewogen. Hier legt der **Verfasser** seine **Meinung** begründet dar. Am Ende des Schlussteils kann man noch einen Ausblick auf zukünftige Entwicklungen geben oder eine Prognose für die Zukunft formulieren.

Einleitung und Schlussteil sollten nicht zu umfangreich sein. Sie sollten nicht mehr als ein Fünftel der gesamten Erörterung ausmachen.

6 *Lies folgende Einleitungen sorgfältig durch.*
  a) *Welche der beiden Einleitungen erscheint dir geeigneter? Begründe deine Meinung und berücksichtige dabei Aufbau, Inhalt und Sprache des Textes.*

A Am Sonntag war es in der Ludwigsburger Innenstadt gerammelt voll. Da fand der vierte Ludwigsburger Pferdestärkenmarkt mit einer Automobilshow statt. Es war ein Gedränge, dass man richtig ins Schwitzen kam. Mein Bruder wollte die Oldtimer sehen. Ich wollte allerdings den verkaufsoffenen Sonntag nutzen, um nach einer neuen Jeans zu schauen. Wie jedes Jahr waren auch diesmal die Innenstadt-Läden aus Anlass des Pferdestärkenmarktes für einige Stunden geöffnet. Das gefällt mir persönlich sehr. Doch diesmal war es so voll, dass es kaum ein Durchkommen gab. Da stellt man sich wirklich die Frage: Ist es sinnvoll, wenn die Läden jeden Sonntag aufhaben?

B Verkaufsoffene Sonntage erfreuen sich laut einer Umfrage immer größerer Beliebtheit. Anscheinend sind die Kunden an solchen Tagen auch bereit, mehr Geld auszugeben als an einem gewöhnlichen Samstag. Doch lohnt sich der Mehraufwand an Personalkosten? Ist es sinnvoll, wenn die Ladenöffnungszeiten ganz freigegeben werden, um einen Einkauf rund um die Uhr und von Montag bis Sonntag zu ermöglichen?

  b) *Formuliere eine vollständige Einleitung zum Thema „Freigabe der Ladenöffnungszeiten – ja oder nein?". Arbeite im Heft.*

Sprechen und Schreiben

4. Schritt: Niederschrift der Erörterung
Bei der Niederschrift des Hauptteils ist es wichtig, gedankliche Zusammenhänge sprachlich angemessen zu verdeutlichen. Du kannst **Verknüpfungen** verwenden mit
- **kausaler** Bedeutung (Grund, Ursache): z. B. *weil, da, denn, deswegen, deshalb,*
- **konsekutiver** Bedeutung (Folge, Wirkung): z. B. *also, demzufolge, infolgedessen, folglich,*
- **adversativer** Bedeutung (Gegensatz): z. B. *aber, dagegen, einerseits – andererseits, hingegen,*
- **additiver** Bedeutung (Ergänzung): z. B. *außerdem, ferner, schließlich, darüber hinaus, nicht zuletzt.*

7 Wähle eine der Gliederungen aus Aufgabe 5 auf S. 19/20 aus. Formuliere dazu passend in deinem Heft nach einer kurzen Einleitung den Hauptteil der Erörterung aus.
Achte auf die sprachlichen Verknüpfungen.

8 In der Oberstufe werden die Klassen aufgelöst. Du kommst in neu zusammengesetzte Kurse und deine Lehrer und Lehrerinnen werden dich in der Regel mit „Sie" anreden. Gelegentlich taucht aber auch schon in der 10. Klasse die Frage auf, ob die Sie-Anrede nicht schon hier eingeführt werden sollte.
  a) Unten findest du Argumente zur Frage „Sollte die Sie-Anrede schon in der 10. Klasse eingeführt werden?". Kennzeichne die Begründungen als Pro- oder Kontra-Argumente.
  b) Schreibe zwei weitere ausformulierte Argumente zum Thema „Sie-Anrede in der 10. Klasse?" in dein Heft.

Sie-Anrede in der 10. Klasse?

1. Pro
Es ist wichtig, schon früh die Formen der Höflichkeit einzuüben. Unter Erwachsenen ist die Sie-Anrede vor allem in der Öffentlichkeit normal und ein Bestandteil des höflichen Umgangs.

2. _____
Der plötzliche Wechsel von der Du- zur Sie-Anrede ist bei Lehrern und Lehrerinnen, die man schon mehrere Jahre kennt, eine etwas künstliche Angelegenheit und kaum zu rechtfertigen.

3. _____
Mit der Sie-Anrede drückt man aus, dass man den anderen in seiner Persönlichkeit respektiert und achtet. Schüler und Schülerinnen bringen dem Lehrer oder der Lehrerin mehr Respekt entgegen, wenn auch sie selbst respektiert und mit „Sie" angeredet werden.

4. _____
Die plumpe Vertraulichkeit der Du-Anrede ist eine unangemessene Vereinnahmung durch Personen, denen man vielleicht lieber aus dem Weg gehen möchte. Man muss ein Recht auf Schutz seiner persönlichen Sphäre haben.

5. _____
Die Sie-Anrede ist einerseits eine veraltete Höflichkeitsfloskel, andererseits aber auch typisch für eine entfremdete Gesellschaft, in der die menschlichen Beziehungen zunehmend in vorgegebenen Rollenmustern erstarren.

6. _____
Die Einführung der Sie-Anrede in der 10. Klasse stärkt sicherlich das Selbstwertgefühl. Man fühlt sich wie ein Erwachsener behandelt und ernst genommen.

9 Formuliere die Pro- und Kontra-Argumente aus Aufgabe 8 a) und b) in kurzen Überschriften. Verwende Substantivierungen.

Pro-Argumente	Kontra-Argumente
Einübung in höfliche Umgangsformen	

10 Entwirf die Gliederung für den Hauptteil einer Erörterung zum Thema „Sollte die Sie-Anrede schon in der 10. Klasse einge-führt werden?". Wähle eine der auf S. 19 genannten Gliederungsmöglichkeiten und beachte die steigernde Reihenfolge der Argumente sowie die Ausrichtung auf deinen Standpunkt.

11 Formuliere in deinem Heft den in Aufgabe 10 geplanten Hauptteil in ganzen Sätzen.
Verbinde deine Argumente durch passende Formulierungen, die eine Reihung, Steigerung oder einen Gegensatz deutlich machen, z. B.: „Außerdem lässt sich noch anführen, dass ...", „Darüber hinaus gibt es noch ein wichtigeres Argument ...", „Weitaus wichtiger ist das Argument ...", „Allerdings spricht dagegen, dass ...", „Andererseits gibt es das Gegenargument, dass ...".

Sprechen und Schreiben

Textgebundene Erörterung

Eine textgebundene Erörterung entsteht in Anlehnung an einen Text, der eine strittige Frage behandelt oder ein Problem diskutiert. Dabei musst du zunächst die **Textvorlage erschließen** und die **Argumentation** (Problem, zentrale Thesen und Argumente) **zusammenfassend wiedergeben**. Es folgt eine **kritische Auseinandersetzung mit den Thesen und der Argumentation des Textes**, indem du zum Beispiel einige Thesen durch weitere Argumente bestätigst und/oder anderen Thesen durch Gegenargumente widersprichst.

Aufbau einer textgebundenen Erörterung

Einleitung:	• im Einleitungssatz Autor/in, Titel der Textes (ggf. Quelle) und Thema nennen, • ggf. aktuellen Bezug des Themas herstellen.
Hauptteil:	**a) Analyse des Textes:** • den Text knapp zusammenfassen (Tempus: Präsens), • dabei zentrale Problemstellung wiedergeben, • Argumentationsstruktur und sprachliche Mittel des Textes darlegen. **b) Erörterung der Argumente im Text:** • zu den Hauptargumenten des Textes Stellung nehmen und die eigene Haltung begründen; dabei kann man – einem Argument teilweise oder völlig **zustimmen**, – einem Argument vollkommen **widersprechen**, – einem Argument zustimmen, es aber für unvollständig halten und es **ergänzen**. • eigene Beispiele, Belege und Erläuterungen für oder wider die Argumente formulieren.
Schluss:	die eigene Position und die wichtigsten Argumente zusammenfassen.

Werbung nicht verantwortlich für Alkoholkonsum

Neue Studie: Reklame beeinflusst nicht das Trinkverhalten Jugendlicher

Laut einer neuen Studie der Universität Bonn hat Werbung keinen Einfluss auf den Alkoholkonsum junger Menschen. Daher seien die von der EU und der Weltgesundheitsorganisation geplanten Werbeeinschränkungen für Alkoholika wirkungslos. Professor Bergler von der Universität Bonn betonte, dass diese Reglementierungen daher nicht die Lösung des Problems seien könnten. Volker Nickel vom Verband der Werbeagenturen in Deutschland sagt: „Zweck der Werbung ist nicht die Verführung zum Konsum, sondern in einem begrenzten Markt Konsumenten zum Kauf einer bestimmten Marke zu bewegen."

Professor Bergler sieht den Grund für Alkoholmissbrauch bei Jugendlichen in problematischen Familienverhältnissen. Kinder erhielten, so Bergler, zu wenig Anleitung, wie sie mit ihrer „hochkonfliktären Pubertät" umgehen könnten. „Die Kosten des Alkoholkonsums wie gesundheitliche Schädigung und Kontrollverlust sind den Jugendlichen wohl bekannt, sie kennen aber auch den Nutzen." Für Bergler bedeutet „Nutzen", dass durch den Alkohol Schulprobleme, Langeweile, Zukunftspessimismus sowie ein negatives Bild von sich selbst zumindest für kurze Zeit zum Verschwinden gebracht werden könnten.

In der Studie der Universität Bonn wurden 997 Jugendliche zwischen 12 und 17 Jahren befragt. Die nötigen finanziellen Mittel wurden unter anderem durch Zuschüsse von Brauereien aufgebracht. Bergler sieht darin allerdings keinen Interessenkonflikt. Bereits seit 30 Jahren arbeite er in der Gefahrenprävention und er habe dabei die Erfahrung gemacht, dass wissenschaftliche Forschung immer auf Geldgeber aus der Industrie angewiesen sei.

1 *Markiere die Formulierungen, die die Hauptthese enthalten, und unterstreiche die zugehörigen Argumente.*

Textgebundene Erörterung

2 *Formuliere eine Einleitung für die Erörterung. Beachte die Hinweise in der Übersicht und schreibe in dein Heft.*

3 *Gib mit eigenen Worten die Argumente wieder, die die Hauptthese im Artikel auf S. 24 stützen.*

_____

_____

_____

_____

_____

_____

_____

4 *Der Artikel enthält einen Hinweis, der die Glaubwürdigkeit der Untersuchung in Zweifel zieht. Unterstreiche die entsprechende Textstelle.*

5 *Im zweiten Abschnitt des Hauptteils setzt du dich kritisch mit der Argumentation des Textes auseinander. Zum einen kannst du Argumente bestätigen und ergänzen, zum anderen aber auch Gegenargumente zu der im Text enthaltenen Stellungnahme vorbringen.*
Notiere ergänzende Argumente und Gegenargumente zu der im Text wiedergegebenen Position.

Ergänzung/Bestätigung	Widerspruch

25

Sprechen und Schreiben

6 *Vergleiche deine Argumente und Beispiele mit den Argumenten und Beispielen in den folgenden Leserbriefauszügen. Markiere Aspekte, die in deiner Materialsammlung in Aufgabe 5 noch nicht vorkommen.*

> Am Alkoholkonsum von Jugendlichen ist Werbung nicht unschuldig. Aber Professor Bergler in Ihrem Artikel hat sicher Recht, wenn er auf andere Ursachen für den Alkoholkonsum hinweist. Angesichts der Jugendarbeitslosigkeit verwundert es wenig, wenn z. B. junge Leute, die sich schon wochenlang beim Arbeitsamt um eine Lehrstelle bemüht haben, anfangen zu trinken. Häufig wird diese Art von Problemlösung von den Eltern vorgemacht. Auch für Schüler oder Auszubildende, die mit verschärften Prüfungsanforderungen und schlechten Berufsaussichten konfrontiert werden, mag Alkohol ein bequemes Mittel sein, um einmal „abschalten" zu können ...

> Viele Eltern haben oft keine Zeit und kein Verständnis für die Sorgen ihrer Kinder, die dann aus Vereinsamung und Verzweiflung zur Flasche greifen. Andere Jugendliche, die nur ein geringes Selbstwertgefühl entwickeln konnten, wollen mit vermeintlichen Freunden mithalten und nicht als Außenseiter dastehen. Manchmal versuchen Jugendliche, mit alkoholischen Getränken ihre Hemmungen zu überwinden. Sie werden dann mutiger und finden leichter Anschluss. ...

> Alkoholkonsum unter jungen Menschen überrascht doch wohl niemanden. Die Werbung bietet Illusionen, Wunschbilder und Träume. Alkoholwerbung macht nicht nur auf eine spezielle Marke aufmerksam, sondern fordert eindeutig zum Trinken auf. Im Bild- oder Textteil einer Werbeanzeige wird das Trinken alkoholischer Getränke meistens mit sozialem Glück, Erfolg u. Ä. verbunden.

7 *Plane einen eigenen Leserbrief zum Artikel „Werbung nicht verantwortlich für Alkoholkonsum" und skizziere die Reihenfolge deiner Argumente. Du kannst die Argumente nach dem „Pingpong-" oder dem „Sanduhr"-Prinzip anordnen (s. S. 19).*

8 *Schreibe nun einen Leserbrief. Beachte dabei den Aufbau einer textgebundenen Erörterung (s. S. 24).*

26

9 *a) Markiere in dem folgenden Artikel die referierte zentrale Forderung und die zugehörigen Argumente.*

Italiener, Iren und andere Europäer haben das öffentliche Rauchen verboten

Was Italiener, Iren und andere Europäer im Handumdrehen geschafft haben, lässt Politiker hierzulande immer neue Kapriolen drehen: das Rauchverbot in Gaststätten

Ein Kommentar von Florian Stadel

Zwar hat Verbraucherschutzminister Horst Seehofer inzwischen erkannt, dass Rauchen tödlich ist. Konsequenzen aus dieser Erkenntnis will der CSU-Politiker aber nur bedingt ziehen. So lautet sein jüngster Vorschlag, die Qual-
5 merei aus Speiselokalen zu verbannen. Für andere Lokale wie Bars seien indes auch andere Lösungen denkbar. „Ja-aber-Modell" könnte man das nennen. Ganz zu schweigen von den Schwierigkeiten, die es bei der Umsetzung dieses Zwitters gäbe: Wo hört das Speiselokal auf und wo
10 fängt die Bar an? Was ist mit Bars, in denen etwa kleine Speisen gereicht werden, was mit Speiselokalen, die eine Bar haben? Hier könnten sich die Gastwirte schon einmal auf ein neues Regelwerk des Gesetzgebers freuen, das die Kriterien für Bars und Speiselokale definiert.

15 **Söder nimmt flexibel Rücksicht**
Eine interessante Position vertritt in der Debatte auch Seehofers Parteifreund Markus Söder. „Natürlich haben Nichtraucher ein Recht auf Rücksichtnahme, aber dafür braucht es keine neuen Gesetze", sagte der CSU-General-
20 sekretär jüngst im FOCUS. Den Begriff Rücksichtnahme legt Söder flexibel aus, indem er gleichzeitig betont: „Wenn ich mir in einem Café keinen Zigarillo mehr anzünden dürfte, wäre das schon ein Verlust an Lebensqualität."

Es ist kein Geheimnis, dass sieben Prozent der Steuerein- 25 nahmen des Bundes, das sind gut 14 Milliarden Euro pro Jahr, aus der Tabaksteuer kommen. Das bremst den Elan der Regierung bei der Umsetzung von Rauchbarrieren. Von Seiten des Deutschen Hotel- und Gaststättenverbandes wird argumentiert, ein gesetzliches Verbot würde zu 30 Umsatzrückgängen und Arbeitsplatzabbau führen.
Was nicht stimmt, wie die Weltgesundheitsorganisation ermittelt hat. So seien in Italien und Irland die Umsätze der Gastronomie stabil geblieben, in New York und Kalifornien sogar gestiegen. Das scheint nachvollziehbar, 35 denn auch Raucher schätzen frische Luft im Lokal. Viele freuen sich sogar, dass sie durch den erzwungenen Gang vor die Tür weniger rauchen.

Rauchfreie Lokale weiter „Luxus"
Vorerst jedoch müssen 60 Millionen deutsche Nichtrau- 40 cher auf den „Luxus" rauchfreier Lokale verzichten und sich stattdessen neue Nichts-Halbes-und-Nichts-Ganzes-Vorschläge der Bundesregierung anhören. Wie etwa den, für Jugendliche bis 18 ein Rauchverbot zu verfügen. Während das Verbraucherministerium darin ein „klares poli- 45 tisches Signal" sieht, bringt es den Millionen Passivrauchern praktisch nichts.

(Focus online, 4. 8. 2006)

b) Bereite einen Leserbrief zu diesem Kommentar zum Rauchverbot in Gaststätten vor, indem du in Stichworten ergänzende Argumente für und gegen die im Artikel referierte zentrale Forderung notierst.

c) Skizziere im Heft eine Gliederung für deinen Leserbrief.

d) Schreibe einen Leserbrief zu dem Kommentar „Was Italiener, Iren und andere Europäer im Handumdrehen geschafft haben, lässt Politiker hierzulande immer neue Kapriolen drehen: das Rauchverbot in Gaststätten."
Orientiere dich dabei an der Übersicht zum Aufbau einer textgebundenen Erörterung auf S. 24. Arbeite im Heft.

Sprechen und Schreiben

Kreatives Schreiben zu Bildern

Den Zugang zu Bildern kann man sich durch ein **Brainstorming** eröffnen, in dem man frei seine spontanen Eindrücke zum dargestellten Geschehen sammelt. Geeignet ist auch die Methode des **automatischen Schreibens**, bei der man, ohne abzusetzen und über das Geschriebene nachzudenken, mindestens 10 Minuten lang seine Assoziationen zum Bild aufschreibt.

Das zu einem Bild angefertigte **Gedankenprotokoll** ist eine Möglichkeit, konkrete Ideen für kreative Texte zu entwickeln. Hierzu stellt man sich z. B. vor, selbst im Bildraum anwesend zu sein, um die Gegenstände und Figuren, deren Blicke und Gesten aus nächster Nähe zu beobachten.

Das Einfühlen in die Bildfiguren soll dabei – bei langer, ruhiger Betrachtung – so weit gehen, dass man Vermutungen über eine mögliche Vorgeschichte der dargestellten Situation notieren kann. Nun lassen sich zu jeder Figur **innere Monologe** über deren Gefühle, Sehnsüchte, Erwartungen, Ängste entwickeln.

Edward Hopper: „Hotel am Bahndamm" (1952, Öl auf Leinwand, 80 x 102 cm)

1 a) Betrachte das Bild von Edward Hopper und stelle dir vor, das Paar aus nächster Nähe beobachten zu können – vielleicht hast du die Tür eines Nebenzimmers leicht geöffnet, sodass du diesen Ausschnitt des Raumes erspähen kannst. Es ist ganz still im Zimmer und die Figuren verharren für eine Weile im Nachdenken.

Kreatives Schreiben

b) *Notiere deine Beobachtungen zu den Figuren stichwortartig in der Tabelle. Versuche dabei, zu jedem Aspekt in der Regel mindestens drei beschreibende Adjektive/Partizipien zu finden.*

	Frau	Mann
Äußeres		
Position im Raum		
Haltung		
Mimik		
Blicke		
Kleidung		

	Frau	Mann
Inneres		
Gefühle		
Stimmung		
Gedanken		

c) *Entwickle auf der Grundlage deiner Notizen nun zu einer der Figuren einen zusammenhängenden inneren Monolog, in dem diese darüber nachdenkt, in welcher Situation sie sich befindet, wie es aus ihrer Sicht dazu gekommen ist, wie sie zu ihrem Partner steht und wie es mit ihrer Beziehung zueinander weitergehen könnte. (Vgl. als Anregung S. 36.)*

Sprechen und Schreiben

Eine Kurzgeschichte zu einem Bild schreiben

> Betrachtet man ein Bild, das Figuren in einer spannungsvollen Situation zeigt, als Darstellung des Wendepunkts in einem Konflikt, so lassen sich daraus Ideen für eine **Kurzgeschichte** entwickeln.
> Hierzu gehören neben möglichen schicksalhaften Ereignissen, die der dargestellten Situation vielleicht vorausgegangen sind oder ihr folgen, auch Ideen zu einem **Gespräch zwischen den Figuren**.
> Um ein solches Gespräch am Höhepunkt einer Geschichte spannungsvoll zu gestalten, sollte nicht nur die **Inhaltsseite der Kommunikation** (Gesprächsthemen, -gegenstände, ausdrücklich Gesagtes), sondern auch die **Beziehungsseite der Kommunikation** (Beziehung der Kommunikationspartner zueinander, Erwartungen aneinander, im Gespräch verfolgte Absichten) beachtet werden. Die Beziehungsseite einer Aussage kann man in einer Geschichte z. B. durch eine genaue Beschreibung des nonverbalen Gesprächsverhaltens und der jeweiligen Betonung von Aussagen zum Ausdruck bringen. Auch durch die Wahl der Satzart (Aussage, Frage, Ausruf) lässt sich das Gemeinte hinter dem Gesagten sprachlich gestalten.
>
> Folgende **Merkmale der Gattung Kurzgeschichte** müssen beim Schreiben beachtet werden (vgl. auch S. 76):
> - Konzentration auf ein schicksalhaftes Ereignis, einen Augenblick
> - Dehnung des entscheidenden Augenblicks durch wörtliche Rede, Wechsel der Erzählweise (vgl. S. 73), Einblendungen anderer Schauplätze und Zeiten durch innere Monologe
> - unvermittelter, offener Anfang/unerwartetes, offenes Ende
> - Alltäglichkeit der Situation, in der die Figuren durch eine Grenzerfahrung erschüttert werden
> - Einfachheit und zugleich Hinweischarakter der Sprache, in der scheinbar Nebensächliches bedeutungsvoll und hintergründig wird

1 a) Sieh dir das Bild von Edward Hopper auf S. 28 noch einmal an und spiele dabei folgende Gedanken durch:
   – Das Paar hört das letzte Pfeifen des Zuges, mit dem die Tochter die Stadt verlässt ...
   – Gerade ist der Zug durchgefahren, in den der Mann die Schwester seiner Ehefrau – ihre einzige Lebensfreude – unter einem Vorwand auf eine Reise geschickt hat, von der sie nicht zurückkehren soll ...
   – Es hat schon mehrfach an die Hoteltür geklopft. Ist es die Geliebte des untreuen Mannes oder erwartet seine Frau einen heimlichen Verehrer? ...
   – Beim Lesen einer romantischen Liebesgeschichte erinnert sich die Frau ...

   –
   –
   –
   –

   Erarbeite folgende Aufgaben auf einem losen Blatt Papier oder am Computer:
   b) Wähle eine der oben genannten Ideen aus und notiere dir genaue Einzelheiten der gegenwärtigen Situation, ihrer Vorgeschichte und möglicher schicksalhafter Folgen. Nutze dazu nach Möglichkeit auch deine Beobachtungen und Ideen aus Aufgabe 1 auf S. 28/29.
   c) Schreibe ein Gespräch (wörtliche Rede!) zwischen den Figuren, in dem diese schrittweise unerwartete Einsichten übereinander gewinnen. Du kannst die Gedanken der Figuren in erlebter Rede oder als inneren Monolog (s. S. 80) wiedergeben. Die Beziehungsseite der Kommunikation soll dabei möglichst spannungsvoll im Kontrast zu den Inhalten des Gesprächs stehen.
   d) Gestalte aus deinen Notizen nun eine zusammenhängende Kurzgeschichte. Achte dabei auf die Merkmale der Textsorte.

2 Überarbeite deinen Text, indem du vor allem die Reihenfolge der einzelnen Abschnitte überdenkst! Du kannst Abschnitte (z. B. Aussagen, Gedanken, Einblendungen, beschreibende Passagen) entweder aus dem Papier ausschneiden und umsortieren oder am Bildschirm verschieben.

Gestaltendes Interpretieren

Das Beschreiben des Stils, das Deuten des Titels und andere Aufgaben, bei denen man über einen Text spricht oder schreibt, sind **analytische Tätigkeiten**. Monologe oder Tagebucheinträge zu verfassen, sind **gestaltende Tätigkeiten**, bei denen man sich in eine Figur hineinversetzt und selbst zum Autor oder zur Autorin wird. Beide Arten der Auseinandersetzung bemühen sich um ein tieferes Textverständnis.

Anders als beim **kreativen Schreiben** sind beim **gestaltenden Interpretieren** die Aufgaben nicht völlig offen. Die Lösungen müssen dem Text angemessen und in sich stimmig sein. Man ist an die Informationen des Textes gebunden.
Je genauer der Text gelesen wird, je genauer die Informationen über eine Figur erfasst werden, desto leichter fällt es, die Figuren miteinander sprechen zu lassen, ihre Gedanken zu erschließen und (z. B. als inneren Monolog) aufzuschreiben.

Eine gestaltende Interpretation gelingt am besten, wenn man in zwei Schritten vorgeht:
- Zuerst stellt man selbst **Fragen an den Text**: Wer handelt hier? Um welche Probleme geht es? Was denken, fühlen die Figuren, wie verhalten sie sich? Gibt es einen Erzähler? Ist er neutral oder nimmt er Partei? Wie ist die Sympathie oder Antipathie der Leser verteilt?
- Erst dann versucht man, **aus der Sicht (einer) der Figuren zu schreiben**.

1 *Lies den folgenden Text genau durch.*

Gottfried Keller
Eine Armenschule im 19. Jahrhundert (aus: Der grüne Heinrich)

In dem autobiografischen Roman „Der grüne Heinrich" (geschrieben um 1854/1855, umgearbeitet 1879/1880) erzählt Gottfried Keller im ersten Buch seine Jugend, das neunte Kapitel ist der Schulzeit gewidmet. Keller ging in eine „einklassige" Dorfschule, die sich in fast allen Dingen von heutigen Schulen unterscheidet. Doch seinerzeit waren eine Reihe von Unterrichtsmethoden im Gebrauch, die heute wieder verstärkt Anwendung finden, so zum Beispiel das „Lernen durch Lehren", die „Gruppenarbeit" oder der „Stuhlkreis".

Ich hatte mich nunmehr in der Schule zurechtgefunden und befand mich wohl in derselben, da das erste Lernen rasch aufeinanderfolgte und täglich fortschritt. Auch die Einrichtung der Schule hatte viel Kurzweiliges; ich ging gern und eifrig hinein; sie bildete mein öffentliches Leben und war mir ungefähr, was den Alten die Gerichtsstätte und das Theater. Es war keine öffentliche Anstalt, sondern das Werk eines gemeinnützigen Vereins und dazu bestimmt, bei dem damaligen Mangel guter unterer Volksschulen den Kindern dürftiger Leute eine bessere Erziehung zu verschaffen, und sie hieß daher Armenschule. Die Pestalozzi-Lancaster'sche[1] Unterrichtsweise wurde angewendet, und zwar mit einem Eifer und einer Hingebung, welche gewöhnlich nur Eigenschaften von leidenschaftlichen Privatschulmännern zu sein pflegen. Mein Vater hatte bei seinen Lebzeiten für die Einrichtung und für die Ergebnisse dieser Anstalt, die er zuweilen besuchte und in Augenschein nahm, geschwärmt und oft den Entschluss ausgesprochen, meine ersten Schuljahre in derselben verfließen zu lassen, schon darin eine Erziehungsmaßregel suchend, dass ich mit den ärmsten Kindern der Stadt meine frühsten Jugendjahre zubrächte und aller Kastengeist und Hochmut so im Keime erstickt würden. Diese Absicht war für meine Mutter ein heiliges Ver-

---
[1] **Pestalozzi-Lancaster'sche Unterrichtsweise:** von dem Schweizer Pädagogen Pestalozzi für Volksschulen entwickelte Pädagogik, die dem Grundsatz folgte, „den Menschen zu stärken" und ihn dahin zu bringen, „sich selbst helfen zu können". Noch heute geht die Idee vom „selbstständig lernenden Schüler" auf die Pestalozzi-Tradition zurück.

mächtnis und erleichterte ihr die Wahl der ersten Schule
für mich. In einem großen Saale wurden etwa hundert
Kinder unterrichtet, zur Hälfte Knaben, zur Hälfte Mädchen, vom fünften bis zum zwölften Jahre. Sechs lange
Schulbänke standen in der Mitte, von dem einen Ge-
schlechte besetzt; jede bildete eine Altersklasse, und da-
vor stand ein vorgeschrittener Schüler von elf bis zwölf
Jahren und unterrichtete die ganze Bank, welche ihm an-
vertraut war, indessen das andere Geschlecht in Halbkrei-
sen um sechs Pulte herum stand, die längs den Wänden
angebracht waren. Inmitten jedes Kreises saß auf einem
Stühlchen ebenfalls ein unterrichtender Schüler oder eine Schülerin. Der Hauptlehrer thronte auf einem erhöh-
ten Katheder und übersah das Ganze, zwei Gehilfen standen ihm bei, machten die Runde durch den ziemlich
düstern Saal, hier und dort einschreitend, nachhelfend
und die gelehrtesten Dinge selbst beibringend. Jede halbe
Stunde wurde mit dem Gegenstande gewechselt; der
Oberlehrer gab ein Zeichen mit einer Klingel und nun
wurde ein treffliches Manöver ausgeführt, mittels dessen
die hundert Kinder in vorgeschriebener Bewegung und
Haltung, immer nach der Klingel, aufstanden, sich
kehrten, schwenkten und durch einen wohlberechneten
Marsch in einer Minute die Stellung wechselten, sodass
die früher fünfzig Sitzenden nun zu stehen kamen und
umgekehrt. Es war immer eine unendlich glückliche Minute, wenn wir, die Hände reglementarisch auf dem Rücken verschränkt, die Knaben bei den Mädchen vorbei-
marschierten und unsern soldatischen Schritt gegen ihr
Gänsegetrippel hervorzuheben suchten. Ich weiß nicht,
war es eine artige herkömmliche Nachlässigkeit oder gar
eine Absicht, dass es erlaubt war, Blumen mitzubringen
und während des Unterrichts in den Händen zu halten,
wenigstens habe ich diese hübsche Lizenz[2] in keiner an-
dern Schule mehr gefunden; aber es war immer gut anzu-

sehen während des lustigen Marsches, wie fast jedes Mädchen eine Rose oder eine Nelke in den Fingern auf dem
Rücken hielt, während die Buben die Blumen im Munde
trugen wie Tabakspfeifen oder dieselben burschikos hinter die Ohren steckten. Es waren alles Kinder von Holzha-
ckern, Tagelöhnern, armen Schneidern, Schustern und
von almosengenössigen Leuten[3]. Bessere Handwerker
durften ihres Ranges und Kredits wegen die Schule nicht
benutzen. Daher war ich der best und reinlichst gekleide-
te unter den Buben und galt für halb vornehm, obgleich
ich bald sehr vertraulich war mit den buntscheckig ge-
flickten armen Teufeln, ihren Sitten und Gewohnheiten,
insofern sie mir nicht allzu fremd und unfreundlich waren. Denn obgleich die Kinder der Armen nicht schlim-
mer und etwa boshafter sind als die der Reichen oder sonst
Geborgenen, im Gegenteil eher unschuldiger und gutmütiger, so haben sie doch manchmal äußerliche grinsende
Derbheiten in ihren Gebärden, welche mich bei einigen
Mitschülern abstießen.

Die Kleidung, welche ich damals erhielt, war grün, da
meine Mutter aus den Uniformstücken des Vaters eine
Tracht für mich schneiden ließ, für den Sonntag einen
Anzug und für die Werktage einen. Auch fast alle nachge-
lassenen bürgerlichen Gewänder waren von grüner Farbe; bis zu meinem zwölften Jahre aber reichte der Nach-
lass zur Herstellung von grünen Jacken und Röcklein aus
bei der großen Strenge und Aufmerksamkeit der Mutter
für Schonung und Reinhaltung der Kleider, sodass ich von
der unveränderlichen Farbe schon früh den Namen „grüner Heinrich" erhielt und in unserer Stadt trug. Als solcher machte ich in der Schule und auf der Gasse bald eine
bekannte Figur und benutzte meine grüne Popularität zur
steten Fortsetzung meiner Beobachtungen und chorar-
tiger Teilnahme an allem, was geschah und gehandelt
wurde.

---

[2] **diese hübsche Lizenz:** eine Erlaubnis, die dem Schreiber gefallen hat und gefällt
[3] **almosengenössige Leute:** Familien, die von der öffentlichen Fürsorge (Almosen) leben müssen

Gestaltendes Interpretieren

2 *Der Text ist über 150 Jahre alt. Vieles ist nicht leicht zu verstehen. Versuche, die Bedeutung der folgenden Formulierungen aus dem Textzusammenhang zu erklären.*

A das Lernen folgte rasch aufeinander und schritt täglich fort (Z. 2 f.)

_____

B die Schule bildete „öffentliches Leben" (Z. 5)

_____

C Hingebung – eine Eigenschaft leidenschaftlicher Privatschulmänner (Z. 13 f.)

_____

D aller Kastengeist und Hochmut wird im Keime erstickt (Z. 22 f.)

_____

E nachhelfend und die gelehrtesten Dinge selbst beibringend (Z. 40 f.)

_____

F die Hände reglementarisch auf dem Rücken verschränkt (Z. 51 f.)

_____

G die Buben stecken die Blumen burschikos hinter die Ohren (Z. 62 ff.)

_____

H ich benutze meine grüne Popularität (Z. 91)

_____

I meine chorartige Teilnahme an allem, was geschah und gehandelt wurde (Z. 93)

_____

3 *Zeichne das Schulzimmer und trage alle Informationen des Textes, die sich auf die Formen des Lernens beziehen, stichwortartig zusammen.*

Zeichnung des Schulzimmers	Lernvorgänge im Schulzimmer	
Ein großer Saal für etwa hundert	Verhalten/ Regeln:	halbstündlicher Wechsel des Platzes und des
Schüler/-innen von 5 bis 12 Jahren ...		Lerngegenstandes ...
	Methode:	
	Lern- gegenstände:	
	Umgang miteinander:	

33

Sprechen und Schreiben

4 *Charakterisiere den „grünen Heinrich" als Erzähler. Beantworte besonders folgende Fragen:*
 – Welche Einstellung hat er gegenüber der Schule und seinen Mitschülern?
 – Wie unterscheidet er sich von den anderen Schülern?
 – Wie wird er von ihnen angesehen?

5 *Jede der folgenden Thesen besagt etwas Richtiges. Kreuze diejenige an, die dir am sinnvollsten erscheint, und begründe deine Entscheidung. Du kannst auch eine weitere These aufstellen und begründen.*

A Die Schüler sind zu einer fast militärischen Disziplin genötigt. Sie müssen auf Kommando die Plätze wechseln, sie werden von ihren Mitschülern unterrichtet, alles läuft unter der ständigen Kontrolle eines Hauptlehrers ab.

B Das Lernen vollzieht sich in dieser Schule fast ohne Materialien oder Bücher, deshalb ist nicht anzunehmen, dass die Schülerinnen und Schüler wirklich selbstständig arbeiten. Die jüngeren lernen in Gruppen, was die älteren ihnen vortragen.

C Der Erzähler des Romans ist gern zum Unterricht gegangen. Er konnte dort andere Kinder treffen. Auf Grund seiner Kleidung ist er etwas Besonderes, aber er sucht keine Distanz zu den Kindern aus ärmeren Familien.

D Die dargestellte Schule kann nur aus ihrer Zeit heraus verstanden werden: Es gab keine allgemeine Schulpflicht. Die Kinder armer Familien gingen in der Regel gar nicht zur Schule, weil sie zur Erwerbsarbeit herangezogen wurden. Um überhaupt einen Anfang für die Bildung breiter Schichten zu setzen, war es sinnvoll, solche Privatschulen einzurichten und zu sponsern.

E

6 *Wähle eine der folgenden Aufgaben zum gestaltenden Interpretieren aus. Schreibe in dein Heft.*

Klasse mit Lehrer, Fotografie um 1850

a) Der „grüne Heinrich" sieht, wie andere Bürgerkinder in das Gymnasium der Stadt gehen. Er überlegt, warum sein Vater vor seinem Tod festgelegt hat, dass er die „Armenschule" besuchen soll, und warum sich seine Mutter an diese Testamentsbestimmung hält.

Schreibe einen inneren Monolog, indem du Informationen aus dem Text nutzt.

b) Ein „leidenschaftlicher" (wir würden heute sagen: begeisterter) Lehrer der Schule schreibt über den Unterricht in der „Armenschule" und über den „grünen Heinrich" als einen Schüler, der seine besondere Aufmerksamkeit erregt.

Verfasse einen Tagebucheintrag.

Albert Anker (1831–1910):
Dorfschule

c) Stell dir vor: Der „grüne Heinrich" wird die Kunstakademie in München besuchen. Er will studieren und Maler werden. Er unterhält sich mit einem Mitstudenten, der ein Gymnasium besucht hat, über die Schulzeit.

Schreibe einen Dialog.

d) Der junge Heinrich kommt durch glückliche Umstände in eine reiche, adlige Familie, die ihn in seinem Wunsch unterstützt, die Kunstakademie in München zu besuchen. Die Tochter der Familie, in die er ein bisschen verliebt ist, wird zu Hause von zwei Privatlehrern in Französisch, Klavierspiel und Tanzen unterrichtet. Sie fragt ihn eines Tages, wie und was er bisher gelernt habe. Er antwortet ihr in einem Brief.

Schreibe diesen Brief. Bedenke, dass diese junge Dame eine öffentliche Schule nur als Jungenschule kennt. Mädchen wurden im 19. Jahrhundert, wenn überhaupt, zu Hause allein oder im Familienkreis privat unterrichtet.

Jules Alexis Muenier (1863–1942):
Die erste Klavierstunde (ca. 1830)

e) Gottfried Keller sitzt an seinem Roman „Der grüne Heinrich". Er denkt darüber nach, ein Kapitel über seine Zeit in der Armenschule zu schreiben.

Verfasse einen inneren Monolog, in dem Gottfried Keller überlegt, ob und wie er über diesen Abschnitt seines Lebens schreiben soll.

Grammatik

Satzgefüge/Zeichensetzung bei Satzgefügen

Ein **Satzgefüge** besteht aus mindestens einem **Hauptsatz** und einem **Nebensatz**. Der Nebensatz wird meist durch eine unterordnende **Konjunktion** (z. B. *obwohl, weil, wenn, dass* ...) oder ein **Relativpronomen** (oder Präposition + Relativpronomen) eingeleitet (z. B. *der, die, das, was, welches, mit dessen* ...). Die **Personalform des Verbs** steht im **Nebensatz am Ende**.
Der Nebensatz wird vom Hauptsatz durch **Komma** getrennt.

Satzgefüge:

Das Zimmer wirkt kalt, obwohl die Sonne hereinscheint.

Vielleicht denkt der Mann an seine Tochter, die eben mit dem Zug weggefahren ist.
    Hauptsatz   Komma   Konjunktion   Nebensatz   Personalform des Verbs
                                          oder Relativpronomen

Die Abfolge von Haupt- und Nebensatz kann variieren. Folgende Anordnungen sind möglich:

Der Mann und die Frau sind in Gedanken versunken, weil sie etwas sehr beschäftigt.
        HS   Konjunktion   NS

Der Mann und die Frau sind, weil sie etwas sehr beschäftigt, in Gedanken versunken.
        HS   Konjunktion   NS   HS

Weil sie etwas sehr beschäftigt, sind der Mann und die Frau in Gedanken versunken.
Konjunktion   NS   HS

1 *In den beiden inneren Monologen fehlen die Kommas bei Satzgefügen.*
Markiere in den Nebensätzen jeweils die einleitende Konjunktion oder das Relativpronomen und unterstreiche die Personalform des Verbs. Setze anschließend die Kommas.

„Nun schweigt er schon seit vor zehn Minuten der Zug vorübergefahren ist. Freilich ist er ein Mensch der nicht gern über seine Gefühle spricht. Aber ich spüre dass heute etwas anders ist. Es gibt etwas das in ihm arbeitet. Soll ich ihn fragen? Obwohl wir so lange verheiratet sind habe ich manchmal den Eindruck dass ich ihn überhaupt nicht kenne ..."

„Sie tut einfach so als ob sie in diesem Buch läse. Macht sie das damit ich denke dass die Sache die da passiert ist sie überhaupt nicht kümmert? Und jetzt sitzt sie obwohl schon fast Mittag ist noch immer in ihrem Unterkleid da. Vielleicht wäre es doch besser gewesen ich hätte mich anders entschieden ..."

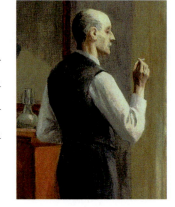

2 *Setze in den folgenden Texten die fehlenden Kommas. Markiere in den Nebensätzen die einleitenden Konjunktionen, die Frage- oder Relativpronomen und unterstreiche die Personalformen des Verbs.*

Schiffskompass – Die Nadel zeigt nach Norden

Niemand weiß wann es einem Menschen zum ersten Mal aufgefallen ist dass Magneteisen immer annähernd genau nach Norden zeigt. […] Erst allmählich lernten die Menschen dass der Kompass ein hervorragendes Instrument für all jene ist die große Entfernungen überwinden und – vor allem – wieder zurückkehren wollen. Die ersten Kompasse wurden wahrscheinlich in China gefertigt. In der Ausgabe des Lexikons „Shuo wen" aus dem Jahre 986 n. Chr. definiert der Gelehrte Xu Quan den Magneten als einen Stein mit dem man „der Nadel die Richtung eingeben" könne. Doch erst das Schiff machte den Kompass zu einem Instrument mit dem die Welt erforscht und erobert werden kann. Im Jahre 1119 berichtet die erste chinesische Chronik von kantonesischen Dschunken die per Kompass navigiert wurden.

Der Froschkönig oder der eiserne Heinrich

In den alten Zeiten als das Wünschen noch geholfen hat lebte ein König dessen Töchter alle schön waren; aber die jüngste war so schön dass die Sonne selber die doch so vieles gesehen hat sich verwunderte sooft sie ihr ins Gesicht schien. Nahe bei dem Schlosse des Königs lag ein großer dunkler Wald und in dem Walde unter einer alten Linde war ein Brunnen: Wenn nun der Tag recht heiß war so ging das Königskind hinaus in den Wald und setzte sich an den Rand des kühlen Brunnens. […]

3 *Untersuche die folgenden Satzpaare und fasse deine Beobachtungen anschließend kurz zusammen.*

A a) Die Schönheit der Prinzessin wurde von allen bewundert,
   b) Weil die Prinzessin schön war, wurde sie von allen bewundert.

B a) Der in den Tiefen des Brunnens hausende Frosch dachte Tag und Nacht an sie.
   b) Der Frosch, der in den Tiefen des Brunnens hauste, dachte Tag und Nacht an sie.

C a) Bei genauerem Hinsehen muss man zugeben, dass er kein gewöhnlicher Frosch war.
   b) Wenn man genauer hinsieht, muss man zugeben, dass er kein gewöhnlicher Frosch war.

D a) Mit dem der Prinzessin geraubten Kuss änderte sich sein Leben …
   b) Mit dem Kuss, den er der Prinzessin geraubt hat, änderte sich sein Leben …

Grammatik

> Nebensätze enthalten in der Regel zusätzliche Informationen, die auch in Form eines Satzgliedes oder Attributs innerhalb eines Hauptsatzes ausgedrückt werden können. Je nachdem, welche grammatische Funktion ein Nebensatz übernimmt, unterscheidet man im Wesentlichen folgende **Arten von Nebensätzen**:

Gliedsätze

Sie stehen **an Stelle eines Satzgliedes** und füllen die Position einer adverbialen Bestimmung, eines Subjekts oder Objekts aus. Sie können dementsprechend erfragt werden. Man unterscheidet bei Gliedsätzen:

- **Adverbialsätze** (s. S. 39 f.)
  Fragewörter: *wann?, wo?, warum?, wie?* ...
- **Subjektsätze** (s. S. 41)
  Fragepronomen: *wer?/was?*

  Wer wagt, gewinnt.
  Subjektsatz

  Der Wagemutige gewinnt.
  Subjekt

- **Objektsätze** (s. S. 41)
  Fragepronomen: *wen?/was?*

  Ich bewundere, dass du so mutig bist.
  Objektsatz

  Ich bewundere deinen Mut.
  Objekt

Attributsätze

Sie stehen **an Stelle eines Satzgliedteils (Attributs)**.
In der Regel sind Attributsätze Relativsätze und werden durch ein Relativpronomen eingeleitet (s. S. 42):

Menschen, die lieben, vermögen vieles.
         Attributsatz

Liebende Menschen vermögen vieles.
Attribut

Der Rat, den er gab, half mir sehr.
      Attributsatz

Der von ihm gegebene Rat half mir sehr.
    Attribut

---

4 *Unterstreiche im folgenden Text die Nebensätze und entscheide, um welche Art von Nebensatz es sich jeweils handelt. Setze die fehlenden Kommas.*

Jedes Jahr frage ich mich wie man wohl dem Weihnachtsrummel entrinnen kann. _(Objektsatz)_ Ich finde einfach keinen Gefallen an all den Schaufenstern die bereits Anfang November mit Tannenzweigen und Christbaumschmuck verziert sind. _____ Wenn man das zu lange sieht ist die ganze Stimmung dahin. _____ Mehr als die Schaufenster ärgert mich dass Kaufen und Schenken zur Pflicht erklärt wurde. _____ Wenn ich ein Geschenk auswählen will brauche ich vor allem Zeit und Ruhe. _____ Wichtig ist doch dass man an die Menschen denkt die man beschenken will dass man überlegt was ihnen gefallen könnte. _____ _____ _____ _____ Ich kann nicht einfach rasch Geschenke einkaufen gehen nachdem ich tagsüber gearbeitet habe. _____ Was ich aber hier beschreibe gilt nicht für alle. _____ Natürlich weiß ich dass es Leute gibt die den Rummel genießen. _____ _____

38

Adverbialsätze

Adverbialsätze sind Nebensätze, die im Satz die **Stelle einer adverbialen Bestimmung einnehmen**. Sie werden meist durch eine Konjunktion eingeleitet und durch **Komma** vom Hauptsatz getrennt.

Satzart	Angabe über	erfragbar mit	Konjunktionen
Temporalsatz	Zeit	Wann? Seit wann? Wie lange?	*als, während, nachdem*
Konditionalsatz	Bedingung	Unter welcher Bedingung? Wann?	*wenn, falls, sofern*
Konsekutivsatz	Folge/Wirkung	Mit welcher Folge? Mit welcher Wirkung?	*dass, sodass (so ..., dass)*
Kausalsatz	Grund/Ursache	Aus welchem Grund? Aus welcher Ursache? Warum?	*weil, da*
Finalsatz	Absicht/Zweck	Mit welcher Absicht? Zu welchem Zweck?	*damit, um* (+ Infinitiv mit *zu*)
Modalsatz	Art und Weise	Wie? Auf welche Weise?	*indem, ohne dass*
Konzessivsatz	Gegengrund	Trotz welcher Gegengründe?	*obwohl, obgleich, wenngleich*

1 *Bestimme die Adverbialsätze, indem du Frage und Antwort dazu formulierst. Forme die Adverbialsätze anschließend in adverbiale Bestimmungen um.*

1. Obwohl es schneite, brachen sie ohne Winterkleidung auf.   *Konzessivsatz*

Frage: Trotz welcher Gegengründe brachen sie ohne Winterkleidung auf?

Antwort: Sie brachen ohne Winterkleidung auf, obwohl es schneite.

Umformung: Trotz des Schneefalls brachen sie ohne Winterkleidung auf.

2. Nachdem wir lange gefeiert hatten, schliefen wir bis mittags.

Frage:

Antwort:

Umformung:

3. Da sie noch verabredet war, brach sie zeitig auf.

Frage:

Antwort:

Umformung:

Grammatik

4. Wenn sie es erlauben, fahre ich ohne meine Eltern in den Urlaub. _____

Frage: _____

Antwort: _____

Umformung: _____

5. Damit wir bei der ZK Erfolg haben, lernen wir viel. _____

Frage: _____

Antwort: _____

Umformung: _____

6. Sie brach das Schweigen, indem sie laut loslachte. _____

Frage: _____

Antwort: _____

Umformung: _____

2 a) *Unterstreiche in den folgenden Sätzen die adverbialen Bestimmungen.*
   Forme die Sätze jeweils in ein Satzgefüge mit Adverbialsatz um. Achte dabei auf die Kommasetzung.

1. Bei starkem Schneefall brechen wir die Tour ab.

   _____

2. Infolge fehlender Anmeldungen fällt der Kurs aus.

   _____

3. Während ihrer Reise wurde er krank.

   _____

   b) *Bestimme die Arten der Adverbialsätze in Aufgabe 2 a.*

1. _____

3 *Welche Vorteile und welche Nachteile kann die Verwendung von Adverbialsätzen*
   gegenüber der Verwendung von adverbialen Bestimmungen haben? Notiere kurz.

_____

_____

_____

_____

Inhaltssätze

Subjekt- und Objektsätze bezeichnet man auch als **Inhaltssätze**. Sie geben in der Regel den Inhalt dessen an, was jemand *weiß, sagt, vermutet, hofft, wünscht* oder was *klar* bzw. *unklar* ist usw. Man erfragt Subjektsätze mit *wer/was?*, Objektsätze meist mit *wen/was?*.
Es gibt **verschiedene Formen von Inhaltssätzen**:
- **„dass"-Sätze**: „Ich glaube, *dass* sie verliebt ist."
- **indirekte Fragesätze**, eingeleitet mit *ob, warum, wie, weshalb* ...:
  „Ich weiß nicht, *wie* sie ihn kennen gelernt hat."
- **Infinitivsätze**: „Sie ist sicher, den Richtigen *gefunden zu haben*."
  Zur Erinnerung: Infinitivsätze, die durch ein hinweisendes Wort angekündigt werden (*darauf, daran, davon, dazu* ...), müssen durch Komma abgetrennt werden:
  „Sie träumt davon, mit ihm *zusammenzuleben*."

1 a) *Unterstreiche im Text die Inhaltssätze und setze die fehlenden Kommas*

Multimillionäre im Heiratsfieber

❶ Dass Geld allein nicht glücklich macht ist eine altbekannte Weisheit. ❷ Ob aber der Zaster vielleicht doch dem Glück in der Liebe ein wenig nachhelfen kann wollte ein amerikanischer TV-Sender genauer wissen. ❸ Unter 50 heiratswilligen Kandidatinnen können sich Amerikas millionenschwere Junggesellen künftig bei laufender Kamera ihre Traumfrau auswählen. ❹ Der Sender hofft darauf auf diese Weise ein paar mehr Jungs von der Straße und vor den Traualtar zu bekommen. ❺ In einer Welt der Singles und Yuppies ging man davon aus mit einem solchen Heiratsmarkt auf reges Interesse zu stoßen. ❻ Und tatsächlich konnte man bereits nach der ersten Sendung davon überzeugt sein einen neuen Quotenrenner geboren zu haben. ❼ Mehr als ein Drittel aller Amerikanerinnen hatte die Eheschließung zwischen dem Multimillionär Rick Rockwell (42) und der blonden Krankenschwester Darva Conger (34) aus Kalifornien am Bildschirm verfolgen können. ❽ Dass ihr Rick auch die Richtige auswählen würde stellten Mutter Hillary und Schwester Caroline Rockwell hinter den Kulissen sicher. ❾ Beratend standen sie dem TV-Bräutigam zur Seite. ❿ Rick aus seiner Männerwelt endlich entrissen zu sehen war ihr sehnlichster Wunsch. ⓫ Und tatsächlich – nach 60-minütiger Sendezeit stand fest dass aus Rick Rockwell ein Ehemann geworden war. ⓬ Die Sendung hatte zur Folge dass sich der Sender schon einen Tag nach der Ausstrahlung vor Anfragen heiratswilliger Frauen nicht mehr retten konnte. ⓭ Dass es nach dem Erfolg der Show eine Fortsetzung geben wird gilt als sicher. ⓮ Nach BBC-Informationen arbeitet der Sender bereits daran das Konzept zu verkaufen.

b) *Bestimme die Form der Inhaltssätze und entscheide jeweils, ob es sich um einen Subjekt- oder einen Objektsatz handelt.*

(1) „dass"-Satz/Subjektsatz, (2)

Grammatik

Relativsätze

> **Relativsätze** werden durch ein **Relativpronomen** eingeleitet, das sich auf ein **Bezugswort im Hauptsatz** bezieht. Relativpronomen sind die Pronomen *der, die, das*, manchmal steht auch *welcher, welche, welches, wer, was*. Vor dem Relativpronomen kann eine Präposition stehen, z.B. *mit, durch, vor* usw.
> Relativsätze werden vom Hauptsatz immer durch **Komma** abgetrennt. Da Relativsätze die Stelle eines Attributs einnehmen, können sie entsprechend umgeformt werden.
>
> Leonardo DiCaprio erhielt durch den Film „Titanic" die Aufmerksamkeit, auf die er immer gehofft hatte.
>   Relativpronomen   Relativsatz
>
> Leonardo DiCaprio erhielt durch den Film „Titanic" die immer erhoffte Aufmerksamkeit.
>   Attribut

1 *Markiere im folgenden Text die Relativpronomen und die dazugehörigen Bezugswörter. Setze die Kommas bei Relativsätzen.*

Leonardo DiCaprio der als Schwarm aller weiblichen Herzen gilt wurde am 11. November 1974 im Sternzeichen Skorpion in Los Angeles, Kalifornien, geboren. Bereits vor seinem ersten Geburtstag trennten sich seine Eltern George und Irmelin DiCaprio für die jedoch die nächsten zwanzig Jahre eine Scheidung nicht in Frage kommen sollte, denn die Erziehungsaufgaben die sie auf sich zukommen sahen wollten sie gemeinschaftlich wahrnehmen.

Die ersten Erfahrungen mit dem Medium Fernsehen machte Leonardo im Alter von zweieinhalb Jahren in der Kindershow „Romper Room" aus der er jedoch „gefeuert" wurde, da er sich als kleiner Wildfang entpuppte der vor laufender Kamera nicht zu kontrollieren war. Nach der Grundschule an der er während der Sommermonate auch Schauspielunterricht nehmen konnte wechselte Leonardo zur John Marshall High School in Los Feliz. Dort spielte er seine erste richtige Rolle in einem Stück das den Namen „Circus Fantasy" trug. Sein schauspielerisches Talent war unverkennbar und sein Wunsch, Schauspieler zu werden, wurde immer dringlicher. Seine Mutter die er ständig anbettelte und bedrängte gab schließlich nach, und 1987 ging sie mit ihrem Sohn der erst dreizehn Jahre alt war zu einem Vorsprechtermin. Hiermit begann Leonardos schauspielerische Karriere. Über kleinere Werbespots und Aufklärungsfilme für Jugendliche die Titel trugen wie „Mickey's Safety Club" oder „How to Deal With a Parent Who Takes Drugs" arbeitete er sich 1988 vor bis zu der Titelrolle in der wieder aufgelegten Serie „Lassie" die ein Klassiker der späten 50er- und frühen 60er-Jahre im amerikanischen Fernsehen war. 1990 entstand die Seifenoper „Santa Barbara" in der er als 16-Jähriger einen jugendlichen Alkoholiker spielte. Mit seiner Rolle in „This Boy's Life" in der er neben Filmgrößen wie Robert DeNiro und Ellen Barkin auftrat gelang ihm der endgültige Durchbruch. Schlag auf Schlag folgten die Filme „Romeo und Julia", der Kassenschlager „Titanic" in dem er neben Kate Winslet die Hauptrolle spielte und „Der Mann in der eisernen Maske". Der Film in dem er jüngst überzeugen konnte heißt „Departed – Unter Feinden".

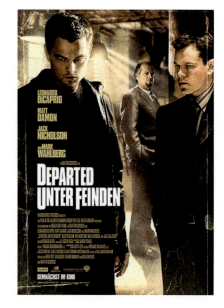

42

Konjunktiv

Bei der Konjugation (Beugung) des Verbs unterscheidet man nicht nur verschiedene Tempora, sondern auch verschiedene **Modi** (Modus = Aussageweise):
- **Indikativ** (die Wirklichkeitsform): „Lea *ist* ihrem Freund treu."
- **Konjunktiv** (die Möglichkeitsform): „Nick behauptet, er *sei* seiner Freundin treu."

Es gibt zwei Formen des Konjunktivs: Konjunktiv I und Konjunktiv II.

Der **Konjunktiv I**
wird vom Infinitiv des Verbs abgeleitet. An den Verbstamm werden die Personalendungen des Konjunktivs angehängt. Typisch für diese Endungen ist das eingefügte *e*:

ich lieb-*e*　　　　wir lieb-*en*
du lieb-*est*　　　ihr lieb-*et*
er lieb-*e*　　　　sie lieb-*en*

Der Konjunktiv I drückt aus:
- einen Wunsch oder eine Aufforderung: „Mögest du immer glücklich sein!",
- die indirekte Rede (s. S. 45 f.).

1 a) Setze die richtigen Konjunktivformen in die Lücken ein.

Viel Lärm um nichts

Lea und Nick streiten sich. Nick glaubt, Lea _____ (haben) bei der Party im Jugendhaus mit Chris geflirtet. Er wirft ihr vor, sie _____ (schauen) bei jeder Gelegenheit nach anderen Jungs und _____ (sich aufführen) wie ein Filmstar. Lea aber versichert ihm, sie _____ (stehen) zu ihm. Dass sie mal mit anderen Jungs _____ (tanzen) oder _____ (reden), _____ (sollen) er nicht falsch verstehen. Sie beteuert, auch Chris _____ (interessieren) sie rein freundschaftlich. Er _____ (sein) ein toller Witzerzähler. Doch Nick schreit, sie _____ (können) ihm viel erzählen, er _____ (glauben) ihr kein Wort ...

b) Der Konjunktiv I ist in vielen festen Redewendungen lebendig, die sich von Wunsch- und Befehlssätzen ableiten. Setze die richtigen Konjunktivformen ein.

Er _____ (leben) hoch!

Gott _____ (sein) Dank!

Es _____ (kosten), was es _____ (wollen)!

_____ (komme), was kommen mag.

2 Bilde die entsprechenden Formen im Konjunktiv I.

kümmern　　erfahren　　~~halten~~　　laufen　　sprechen　　versuchen

er halte, laufe _____

ihr haltet, _____

43

Grammatik

Der **Konjunktiv II** wird vom Indikativ Präteritum/Imperfekt abgeleitet:
Verbstamm im Präteritum (oft mit Umlaut, d. h. Wechsel von *a, o, u* zu *ä, ö, ü*) + Personalendungen des Konjunktivs.

ich rief → ich rief-*e*　　wir fuhren → wir führ-*en*
du zogst → du zög-*est*　　ihr fandet → ihr fänd-*et*
er dachte → er dächt-*e*　　sie kamen → sie käm-*en*

Der Konjunktiv II drückt aus, dass etwas nicht wirklich, nicht wahrscheinlich oder nicht erfüllbar ist. Außerdem lässt sich mit dem Konjunktiv II ein Wunsch ausdrücken.
Weiterhin steht der Konjunktiv II oft als **Ersatzform für den Konjunktiv I** (s. S. 45). Wenn der Konjunktiv II nicht vom Indikativ Präteritum zu unterscheiden ist, wählt man die **Umschreibung mit *würde***:
„sie liefen" (Ind. Prät.) → „sie liefen" (Konj. II) → „sie würden laufen"

Auch wenn der Konjunktiv II als ungebräuchlich oder unschön empfunden wird, kann man die Ersatzform mit *würde* bilden:
„du empfiehlst" → „du empfählest" → „du würdest empfehlen"

3 *Setze jeweils die entsprechende Form im Konjunktiv II ein. Weiche, wenn sinnvoll, auf die Ersatzform mit „würde" aus.*

Was wäre, wenn

A das Klima sich so _____ (erwärmen), dass bei uns Palmen

_____ (wachsen)?

B die Erzeugung regenerativer Energie die Oberhand _____ (gewinnen)?

C die Autos ohne Benzin _____ (fahren) und keine Abgase

_____ (abgeben)?

D alle Kinder denselben Zugang zu Bildung _____ (bekommen)?

E niemand mehr seinen Arbeitsplatz _____ (verlieren)?

F es _____ (gelingen), Zuwanderer gut in die Gesellschaft zu integrieren?

G Frauen und Männer wirklich in allen Bereichen gleichberechtigt _____ (sein)?

4 *Wie könnte die Welt in 50 Jahren aussehen, wenn es uns heute gelänge, alle drängenden Probleme zu lösen? Schreibe deine Zukunftsvision ins Heft und verwende dabei den Konjunktiv II. Du könntest so beginnen:*

In 50 Jahren könnte das Welthungerproblem gelöst sein, weil

Redewiedergabe

Indirekte Rede
Den Konjunktiv benutzt man vor allem bei der indirekten Rede. Mit der indirekten Rede macht man deutlich, dass die Äußerung eines anderen Sprechers wiedergegeben wird. In einem einleitenden Hauptsatz wird gesagt, um wessen Äußerung es sich handelt.
Die Wiedergabe der Äußerung erfolgt dann in einem Nebensatz, zum Beispiel:
- in einem **„dass"-Satz im Indikativ oder Konjunktiv I**:
  „Lara sagt, *dass* ihr Job etwas mit ihren Hobbys zu tun *hat/habe*."
- in einem **uneingeleiteten Nebensatz im Konjunktiv I**:
  „Lara sagt, ihr Ferienjob *habe* etwas mit ihren Hobbys zu tun."

Den **Konjunktiv II** verwendet man in der indirekten Rede,
- wenn der Konjunktiv I sich nicht vom Indikativ unterscheidet (vgl. S. 44),
- wenn man sich vom Gesagten distanzieren will, weil es einem unwahrscheinlich, abwegig oder zweifelhaft vorkommt, oder
- wenn die wiedergegebene Äußerung selbst bereits im Konjunktiv II steht.

1 *Schüler und Schülerinnen äußern ihre Meinung zum Thema „Ferienjob".*
Fülle die Lücken, indem du auf die in Klammern gesetzten Verben zurückgreifst.
Entscheide, ob der Konjunktiv I, der Konjunktiv II oder die Ersatzform mit „würde" verwendet werden sollte.

1. Paul sagt, man ___sehe___ es in Unternehmen meist gern ___—___ (sehen), wenn ein Bewerber vor dem Vorstellungsgespräch schon Informationen über den angestrebten Tätigkeitsbereich gesammelt habe.

2. Lara sagt, nach ihrem Eindruck _____ die Jugendlichen mehr Einsatz bei der Arbeit _____ (zeigen), wenn der Ferienjob etwas mit ihren Hobbys zu tun _____ (haben).

3. Jannik ist der Meinung, Jobben in den Ferien _____ (sein) eine gute Möglichkeit, Erfahrungen in einem Berufsfeld zu gewinnen. Die spätere Berufswahl _____ (werden) damit oftmals erleichtert.

4. Alisa wirft ein, die angebotenen Jobs _____ oftmals nicht dem Niveau von Gymnasiasten _____ (entsprechen) und _____ somit auch keine Entscheidungshilfe im Hinblick auf die spätere Berufswahl _____ (bieten).

5. Steffi findet, Ferienjobs _____ die Chance _____ (eröffnen), in relativ kurzer Zeit viel Geld zu verdienen. Der Traum von einer Reise in den Süden _____ (können) somit auch ohne finanzielle Belastung der Eltern erfüllt werden.

6. Max entgegnet, Schüler _____ in den Ferien durch das Jobben unnötig unter Stress _____ (geraten). Außerdem _____ die Unternehmen unausgebildete Arbeitskräfte viel zu schlecht _____ (bezahlen), sodass sich das Arbeiten letztendlich nicht _____ (lohnen).

Grammatik

Für die Wiedergabe von Äußerungen anderer Sprecher gibt es neben der indirekten Rede noch **andere Möglichkeiten:**
- die **direkte Rede**, z. B.: Der Student forderte: „Wir müssen den Umweltschutz als Staatsziel im Grundgesetz verankern!"
- ein **Zitat**, das in den eigenen Satz eingebaut wird, z. B.: Der Student forderte, den „Umweltschutz als Staatsziel" im Grundgesetz festzuschreiben.
- eine **Paraphrase** (Umschreibung), z. B.: Nach der Auffassung des Studenten sollte die Verpflichtung zum Umweltschutz im Grundgesetz verbindlicher formuliert werden.

2 *Unterstreiche im folgenden Zeitschriftenartikel alle Stellen, an denen der Verfasser fremde Äußerungen wiedergibt. Wähle jeweils eine Farbe für direkte Rede, indirekte Rede, Zitat, Paraphrase. Markiere am Rand entsprechend mit dR, indR, Zit, P.*

Pro Umwelt: Schüler und Studenten fordern Gesetzesänderung
„Wir blicken immer nur in den Rückspiegel …"
Von Armin Himmelrath

P

46 Mal wurde das Grundgesetz bisher geändert, ein 47. Mal soll so bald wie möglich dazukommen – jedenfalls dann, wenn es nach dem Willen einiger Studenten und Schüler geht, die die Bundesjustizministerin in Berlin besuchten.

dR

„Das Grundgesetz ist reformbedürftig, in seiner alten Form lädt es zum Betrug an den nachfolgenden Generationen geradezu ein", sagt Jörg Tremmel und fordert – mit 1 000 Unterschriften im Rücken –, den Umweltschutz als „Staatsziel" im Grundgesetz festzuschreiben.

Der Soziologiestudent ist kein politischer Spinner, sondern Vorsitzender der „Stiftung für die Rechte zukünftiger Generationen" (SRZG). Und seine Forderung, „heutigen Politikern Schranken zu setzen, damit auch in Zukunft noch Ressourcen und eine lebenswerte Umwelt vorhanden sind", fand bei der Justizministerin Gehör: „Wir müssen den Grundgedanken der Nachhaltigkeit, der außerordentlich wichtig ist, deutlicher ins Grundgesetz hineinbekommen", stimmte die Ministerin zu, warnte aber vor dem „Irrsinnsprogramm", das sich die Jugendlichen vorgenommen hätten: „Grundgesetzänderung geht nicht mal eben auf Zuruf, das ist ein langer und komplizierter Prozess."

Wie dieser Prozess aussehen könnte, davon haben die SRZG-Aktivisten schon ganz konkrete Vorstellungen. Ihr Vorschlag: Der Grundgesetz-Artikel 20a, in dem 1994 das Staatsziel Umweltschutz festgeschrieben wurde, soll konkretisiert werden. Denn bisher heißt es unter der Überschrift „Natürliche Lebensgrundlagen" nur allgemein: „Der Staat schützt auch in Verantwortung für die künftigen Generationen die natürlichen Lebensgrundlagen im Rahmen der verfassungsmäßigen Ordnung durch die Gesetzgebung und nach Maßgabe von Gesetz und Recht durch die vollziehende Gewalt und die Rechtsprechung."

Die Erfüllung dieser Verpflichtung sei jedoch nicht einklagbar, so Tremmel. Er präsentierte

Redewiedergabe

45 einen ausführlichen Text, in dem es unter anderem heißt, es dürften nur so viele Ressourcen verbraucht werden, wie entweder nachwachsen oder wiederhergestellt werden.
Auch soll die Bundesregierung gewährleis-
50 ten, dass die bestehende Vielfalt von Tier- und
Pflanzenarten nicht durch menschliches
Handeln verringert wird und keine dauerhaften Gefahrenquellen aufgebaut werden.
„Charme" attestierte die Ministerin dem Vor-
55 schlag, sah aber trotzdem noch „eine Menge
Diskussionsbedarf". Sie kündigte an: „Wir treten jetzt in einen intensiven Briefwechsel ein,
treffen uns auch noch einmal und sehen
dann, wie weit diese Initiative gelingen kann."
60 Dass sie gelingen muss, steht für Hans-Peter
Dürr außer Zweifel. Der Münchner Physiker

und Zukunftsforscher jedenfalls unterstützte
die Forderungen der Schüler und Studenten
vehement: „Wir blicken immer nur in den
Rückspiegel, aber wir brauchen endlich auch 65
einmal den Blick nach vorne!"
Die ersten 1 000 Unterschriften, die auf der
Straße, an Schulen und an der Uni für eine
Gesetzesänderung gesammelt wurden, drückte Tremmel der Ministerin bereits in die Hand, 70
weitere 100 000 Unterstützer will die Stiftung
zusammenbekommen. Eine andere Haltung
sei für ihn auch nicht denkbar, sagt Jörg Tremmel, denn „noch nie wurde eine Generation
so schamlos um ihre Rechte betrogen und hat 75
es gleichzeitig so klaglos hingenommen."

(Informationen: www.srzg.de)

3 *Gib die Aussagen der Ministerin in Z. 19 ff., 25 ff. und 56 ff. in indirekter Rede im Konjunktiv wieder.*

4 *Bilde zu den in Z. 64–66 und Z. 74–76 referierten Äußerungen Paraphrasen.*

Grammatik

> **Zeichensetzung bei wörtlicher Rede**
> Die **wörtliche Rede** steht in der Regel in **Anführungszeichen**.
> Der Redebegleitsatz kann vor, inmitten oder nach der wörtlichen Rede stehen.
> - Nach einem **vorangestellten Redebegleitsatz** weist ein Doppelpunkt auf die folgende wörtliche Rede hin, z. B.: *Die Deutschlehrerin fragt den Schüler:* „Weißt du, wann Gotthold Ephraim Lessing gelebt hat?"
> - Der **eingeschobene Redebegleitsatz** wird durch Kommas von der wörtlichen Rede abgetrennt, z. B.: „Ich bin mir nicht sicher", *antwortet der Schüler,* „aber ich weiß, dass er im 18. Jahrhundert gelebt hat."
> - Der **nachgestellte Redebegleitsatz** wird durch ein Komma von der wörtlichen Rede abgetrennt, z. B.:
> „Heute werdet ihr eine Fabel von Lessing kennen lernen", *kündigt die Lehrerin an.*
> „Kennt jemand noch andere Fabeln von Lessing?", *will die Lehrerin wissen.*
> „Lies die Fabel laut vor!", *fordert sie den Schüler auf.*
> Auch Gedanken werden oft in der wörtlichen Rede wiedergegeben:
> „Warum immer ich?", *denkt der Schüler.*

5 *Trage im folgenden Text die im Zusammenhang mit der wörtlichen Rede erforderlichen Satzzeichen ein.*

Gotthold Ephraim Lessing
Der Rabe und der Fuchs

Ein Rabe trug ein Stück vergiftetes Fleisch, das der erzürnte Gärtner für die Katzen seines Nachbarn hingeworfen hatte, in seinen Klauen fort.

Und eben wollte er es auf einer alten Eiche verzehren, als sich der Fuchs herbeischlich und ihm zurief: Sei mir gesegnet, Vogel des Jupiters! – Für wen siehst du mich an? fragte der Rabe. – Für wen ich dich ansehe? erwiderte der Fuchs. Bist du nicht der rüstige Adler, der täglich von der Rechten des Zeus auf diese Eiche herabkömmt, mich Armen zu speisen? Warum verstellst du dich? Sehe ich denn nicht in der siegreichen Klaue die erflehte Gabe, die mir dein Gott durch dich zu schicken noch fortfährt?

Der Rabe erstaunte und freute sich innig, für einen Adler gehalten zu werden. Ich muss dachte er den Fuchs aus diesem Irrtume nicht bringen. – Großmütig dumm ließ er ihm also seinen Raub herabfallen und flog stolz davon.

Der Fuchs fing das Fleisch lachend auf und fraß es mit boshafter Freude. Doch bald verkehrte sich die Freude in ein schmerzhaftes Gefühl; das Gift fing an zu wirken und er verreckte.

Möchtet ihr euch nie etwas anderes als Gift erloben, verdammte Schmeichler!

6 *Lies den folgenden Text (nach einer Geschichte von Wolfdietrich Schnurre) und überprüfe die Satzzeichen bei der wörtlichen Rede. Schreibe den verbesserten Text in dein Heft.*

Gehorsam

Eine Kaulquappe hatte einen Weißfisch geehelicht. Als ihr Beine wuchsen und sie ein Frosch zu werden begann, sagte sie eines Morgens zu ihm, „Martha, ich werde jetzt bald einer Berufung aufs Festland nachkommen müssen; es wird angebracht sein, dass du dich daran gewöhnst, auf dem Land zu leben". „Aber um Himmels willen!" rief der Weißfisch verstört, bedenke doch, Lieber: meine Flossen!" „Die Kiemen!" Die Kaulquappe sah seufzend zur Decke empor. „Liebst du mich oder liebst du mich nicht?" Ei, aber ja," hauchte der Weißfisch ergeben. „Na also," sagte die Kaulquappe.

Groß- und Kleinschreibung

> **Mehrteilige Eigennamen**
> In mehrteiligen Eigennamen mit Bestandteilen, die keine Substantive sind, schreibt man das **erste Wort und alle Wörter außer Artikeln, Präpositionen und Konjunktionen groß**.
> Dies gilt z.B. für Eigennamen aus den Bereichen Politik, Medien, Geografie usw.:
> *Deutscher Bundestag, Freie und Hansestadt Hamburg, Großer Wagen.*

1 *Prüfe in den folgenden Fällen, ob ein Eigenname vorliegt, und fülle die Lücken in der richtigen Schreibung.*

Die _____ (EUROPÄISCHE UNION) ist ein _____ (WIRTSCHAFTLICHER) und _____ (POLITISCHER ZUSAMMENSCHLUSS) von 27 Staaten in Europa. Zu den wichtigsten Organen gehören zum Beispiel der _____ (EUROPÄISCHE RAT) und das _____ (EUROPÄISCHE PARLAMENT). Die _____ (EUROPÄISCHEN LÄNDER), die in dieser Organisation zusammengeschlossen sind, streben eine _____ (POLITISCHE UNION) an. Eine _____ (GEMEINSAME WÄHRUNG), der EURO, wurde in den meisten Ländern der EU Anfang 2002 als Zahlungsmittel eingeführt.

In New York haben die _____ (VEREINTEN NATIONEN) ihren Sitz. Sie wurden schon 1945 in den _____ (VEREINIGTEN STAATEN) gegründet. Am 1.1. 2000 gehörten ihnen 188 Nationen an. Die Generalversammlung ist das zentrale _____ (POLITISCHE BERATUNGSORGAN). Jeder Staat hat eine Stimme. Das _____ (BEDEUTENDSTE ORGAN) ist der Sicherheitsrat, der die Hauptverantwortung für die Wahrung des Weltfriedens und der _____ (INTERNATIONALEN SICHERHEIT) trägt.

2 *Verfahre wie in Aufgabe 1.*

In den nächsten _____ (GROSSEN FERIEN) werden wir mit dem Auto nach Italien fahren. Zunächst geht es über die _____ (HOHEN TAUERN) nach Südtirol. Durch die Toskana und das Latium fahren wir dann bis nach Rom. Ich bin gespannt auf die _____ (EWIGE STADT), besonders auf die _____ (SIXTINISCHE KAPELLE) mit den berühmten Fresken Michelangelos. Die letzte Woche soll der Erholung dienen. Auf Capri wollen wir faulenzen und allenfalls mal die _____ (BLAUE GROTTE) besuchen.

Rechtschreibung

Herkunftsbezeichnungen/Ableitungen von Eigennamen
Ableitungen von geografischen Namen **auf** *-er* schreibt man **groß**:
„**L**udwigsburg**er** Porzellan", „**H**eidelberg**er** Schloss", „**U**lm**er** Münster".
Ableitungen von Eigennamen **auf** *-isch* gehören zur Wortart Adjektiv, man schreibt sie deshalb **klein** (wenn sie nicht Bestandteil fester Eigennamen sind):
„**s**chwäb*ische* Küche", „**i**talien*ischer* Wein", **aber**: „**C**hines*ische* Mauer".

3 Ordne den folgenden Begriffen jeweils die passende Herkunftsbezeichnung bzw. Ableitung eines geografischen Namens zu. Achte auf die Groß- und Kleinschreibung.

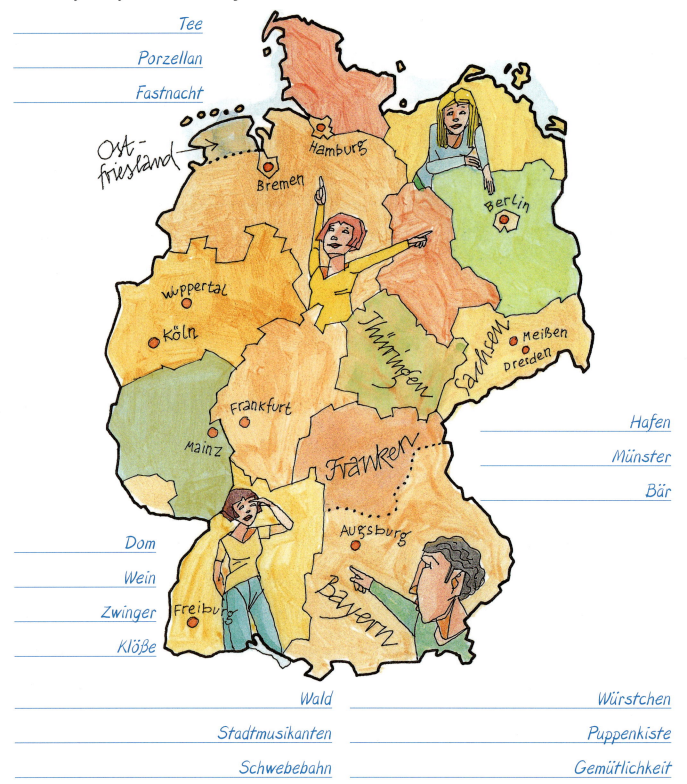

_____ Tee
_____ Porzellan
_____ Fastnacht

_____ Hafen
_____ Münster
_____ Bär

_____ Dom
_____ Wein
_____ Zwinger
_____ Klöße

_____ Wald   _____ Würstchen
_____ Stadtmusikanten   _____ Puppenkiste
_____ Schwebebahn   _____ Gemütlichkeit

Groß- und Kleinschreibung

>
> **Zeitangaben: Tageszeiten und Wochentage**
> - Bezeichnungen für Tageszeiten und Wochentage werden **großgeschrieben**, wenn sie Substantive sind. Man erkennt dies oft an den üblichen Substantiv-Signalen (Artikel, Artikel + Präposition, Adjektivattribut): *der Abend, am Sonntagvormittag, den ganzen Nachmittag.*
> - Zeitangaben, die **Adverbien** sind, werden **kleingeschrieben**: *montags, mittags, freitagmorgens.*
> - Bei getrennt geschriebenen Kombinationen von Adverb und Substantiv wird die Groß- und Kleinschreibung entsprechend beibehalten: *gestern Abend, Samstag früh, heute Morgen.*

4 *Trage im folgenden Text die Zeitangaben in der richtigen Schreibweise ein.*

Eine Klassenfahrt nach Prag

An einem _____ (SAMSTAGABEND) im September sind wir um 19.00 Uhr mit dem Zug Richtung Prag losgefahren. Da wir uns keinen Schlafwagen geleistet hatten, mussten wir die _____ (NACHT) im Sitzen verbringen. Um drei Uhr _____ (MORGENS) wurden wir unsanft von Grenzbeamten geweckt, die unsere Ausweise gründlich kontrollierten. Wir kamen am _____ (SONNTAGMORGEN) um ca. 8.00 Uhr völlig übermüdet in Prag an. Wir freuten uns schon darauf, _____ (GLEICH VORMITTAGS) unsere Zimmer beziehen zu können und uns ein wenig auszuruhen. Doch unsere neue Bleibe war noch bis _____ (GEGEN MITTAG) belegt. Wir überbrückten _____ (DEN SONNTAGVORMITTAG) damit, uns einen ersten Eindruck von der Prager Altstadt zu verschaffen, die mehr als alle anderen Viertel Prags von der barocken Baukunst geprägt ist. Wir lernten schon _____ (FRÜH AM MORGEN) die mittelalterliche Karlsbrücke kennen, die von uns von nun an _____ (TÄGLICH) aufgesucht wurde. Von hier aus hat man besonders _____ (NACHTS) einen großartigen Blick auf die Prager Burg und die Moldau. Bereits _____ (FRÜHMORGENS) kann man dort den zahlreichen Straßenverkäufern beim Aufbau ihrer Stände zusehen. Fast _____ (AN JEDEM MORGEN) nahmen wir an einem sehr gut organisierten Besichtigungsprogramm teil, das von Prager Reiseleiterinnen durchgeführt wurde; _____ (NACHMITTAGS) dagegen konnten wir zwischen verschiedenen Möglichkeiten wählen. So lernten wir _____ (VON SONNTAG BIS FREITAG) nicht nur die Prager Altstadt, sondern auch das jüdische Viertel, das Gebiet um den Wenzelsplatz und die Prager Burg kennen. Am _____ (FREITAGABEND) ging es dann zurück Richtung Heimat, wo wir _____ (AM NÄCHSTEN MORGEN) gegen 10.00 Uhr müde, aber voller Reiseeindrücke ankamen.

Rechtschreibung

> **Desubstantivierungen**
> Leitet man aus einem Substantiv ein Wort einer anderen Wortart ab, bezeichnet man dies als „Desubstantivierung". **Aus Substantiven entstandene Wörter anderer Wortarten** werden **kleingeschrieben**.
> Desubstantivierte Wörter sind zum Beispiel:
> - Adverbien und Präpositionen auf *-s* oder *-ens*, z. B.: *teils … teils, anfangs, abseits, seitens*
> - Präpositionen und Teile von Präpositionen, z. B.: *dank, trotz, kraft*
> - unbestimmte Pronomen und Zahlwörter, z. B.: *ein paar, ein bisschen*
> - die Wörter *pleite, schuld, angst, gram, leid, bange* in Verbindung mit *sein, bleiben* oder *werden*.

5 *Bilde mit den folgenden Wörtern bzw. Wortgruppen Beispielsätze, in denen du die Wörter in der angegebenen Schreibweise benutzt.*

Schuld — Leider müssen wir ihm die Schuld geben.
schuld sein — Wer ist schuld an diesem Unglück?

Pleite
pleite sein

Spitze
spitze sein

Angst und Bange
angst und bange werden

Freund
freund werden

Klasse
klasse sein

Unrecht
unrecht sein

> **TIPP**
> Groß- wie kleingeschrieben werden können Recht/recht und Unrecht/unrecht in Verbindung mit Verben wie *behalten, bekommen, geben, haben, tun*, z. B.: „Wir geben ihr *Recht/recht*." „Du tust ihm *Unrecht/unrecht*."

Getrennt schreiben oder zusammenschreiben?

Auch wenn zwei Wörter inhaltlich eng zusammengehören, schreibt man sie **in der Regel getrennt**. Das gilt für:
- Wortgruppen aus **Verb + Verb**: *baden gehen, bleiben können, arbeiten kommen;*
- **Substantiv + Verb**: *Ball spielen, Tango tanzen, Eis essen;*
- **Adjektiv + Verb**: *gut lesen, klar denken, ernst bleiben.* Siehe aber Ausnahmen unten!

Zusammen schreibt man unter anderem:
- Verbindungen aus **Adjektiv + Verb**, die man nicht in einem wörtlichen, sondern nur in einem übertragenen Sinne verstehen kann: *tiefstapeln* (untertreiben), *schwarzfahren* (ohne Fahrschein fahren), *klarstellen* (klären);
- die meisten Verbindungen aus **Adverb + Verb**: *auseinanderhalten, zusammenfließen, hinaufgehen, zurückfahren, hinterherwerfen, gegenüberstellen.*

1 *Verbinde jedes Wort aus den Feldern 1–4 mit einem Verb aus dem Feld in der Mitte. Achte auf die Getrennt- oder Zusammenschreibung.*

Geige spielen,

2 *Bilde mit den Wortgruppen aus Aufgabe 1 Sätze. Verwende auch Substantivierungen (Zusammenschreibung!).*

Das Geigespielen schien ihm schwerzufallen.

53

Rechtschreibung

> Verbindungen aus **Adjektiv und Verb** werden meist **getrennt geschrieben**, z. B.:
> *besser verdienen, richtig machen, klar denken.*
> Sie werden **zusammengeschrieben**, wenn durch das Zusammentreten von Adjektiv und Verb eine neue Gesamtbedeutung entsteht, z. B. *richtigstellen* (berichtigen), *schwarzfahren* (ohne Fahrkarte fahren), *schwerfallen* (Probleme bereiten).

3 *Bilde jeweils zwei Sätze, in denen du die Wortverbindung in unterschiedlicher Schreibweise und Bedeutung benutzt.*

1. warm**?**halten _____

2. offen**?**lassen _____

3. klar**?**sehen _____

4. falsch**?**spielen _____

5. allein**?**stehen _____

6. schief**?**liegen _____

7. kurz**?**arbeiten _____

8. schlecht**?**reden _____

> **TIPP**
> Lässt sich keine klare Entscheidung treffen, ob eine wörtliche oder übertragene Bedeutung vorliegt, kann getrennt oder zusammengeschrieben werden, z. B.: *bekannt geben/bekanntgeben, bewusst machen/bewusstmachen, fertig stellen/fertigstellen.*
> Schreibe **in Zweifelsfällen getrennt**, das ist nie falsch!

54

Getrennt schreiben oder zusammenschreiben?

- Verbindungen aus **Adverb und Verb** oder **Präposition und Verb** werden zusammengeschrieben, wenn der Hauptakzent auf dem Adverb bzw. der Präposition liegt, z. B.:
  anhalten, her**ei**nkommen, **vo**rwärtsgehen, w**ei**terfahren.
- Getrennt geschrieben wird dagegen in der Regel, wenn die Hauptbetonung auch auf dem Verb liegen und mindestens ein Satzglied zwischen Adverb und Verb treten kann, z. B.:
  „Er konnte nach der Augenoperation w**ie**der (gut) s**e**hen."
- **Verbindungen mit *sein*** werden getrennt geschrieben, z. B.:
  beisammen sein, daheim sein, vorbei sein, zusammen sein.

4 *Entscheide, ob in den folgenden Sätzen getrennt oder zusammengeschrieben wird. Schreibe das Wort auf.*

A Bei diesem Vorschlag hat er sich quer?gelegt. _____

B Sie haben den Tisch zusammen?getragen. _____

C Er möchte gern dazu?gehören. _____

D Ich weiß nicht, warum alle durcheinander?schreien. _____

E Das wird wohl daher?kommen, dass er keine Ahnung hat. _____

F Bei dieser Übung muss ich immer rückwärts?gehen. _____

G Wir sind dahinter?gekommen, dass sie lügen. _____

H Er wird bestimmt dazu?schweigen. _____

5 *Bilde jeweils zwei Sätze, in denen du die Wortverbindung in unterschiedlicher Schreibweise und Bedeutung verwendest.*

1. vorher?sehen _____

2. zusammen?treffen _____

3. wieder?bekommen _____

4. dazwischen?reden _____

55

Rechtschreibung

6 *Entscheide bei den Verbindungen mit Verben im folgenden Text, ob sie getrennt oder zusammengeschrieben werden. Überprüfe in Zweifelsfällen mit Hilfe deines Rechtschreibwörterbuches.*

Müssen Handys sein?

Neuerdings gibt es Gaststätten, die außer Raucher- und Nichtraucherzonen auch Bereiche für Handynutzer _____ (eingerichtet?haben). Sollte dies darauf _____ (hin?deuten), dass Besitzer von Handys nicht mehr gesellschaftsfähig sind?

Man spottet gerne über Leute, die sich mit ihrem Mobiltelefon _____ (wichtig?tun).

Handynutzer wollen jederzeit erreichbar sein. Aber sind die Folgen den Mitmenschen noch zuzumuten?

Meist werden die Handys auch nicht _____ (leise?gestellt), sodass bei einem Anruf gleich die ganze Umgebung alarmiert wird.

Andererseits – welche Alternativen gibt es denn zur Nutzung des Handys?

Öffentliche Telefone kann man inzwischen _____ (lange?suchen). Wer eines gefunden hat, muss _____ (Angst?haben), dass es nicht funktioniert. Wenn man das nötige Kleingeld _____ (zusammen?gekratzt) hat, wird man meistens _____ (fest?stellen), dass nur Telefonkarten _____ (entgegen?genommen) werden. Wer aber hat schon immer eine passende Karte bereit?

Außerdem gibt es Situationen, in denen das Handy einfach unersetzlich ist, z. B. wenn man mal wieder mit dem Auto im Stau _____ (stecken?geblieben) ist.

Vielleicht klingt das Argument nicht sehr _____ (schwer?wiegend), aber hat nicht schon manchmal ein Handy das Leben von Menschen in Gefahr gerettet?

Es kann wohl keine vernünftige Lösung sein, das Handy grundsätzlich _____ (ab?zu?schaffen), aber man sollte sich mit der Frage _____ (auseinander?setzen), wie es in der Öffentlichkeit vernünftig gebraucht werden kann.

Getrennt schreiben oder zusammenschreiben?

7 *Trenne in den folgenden Sätzen die Wörter voneinander ab.*
Schreibe sie ab und achte dabei auch auf die richtige Groß- und Kleinschreibung.

1. beimhausmeisterwareinselbstgestrickterschalabgegebenworden,deneinschülerinderturnhalleliegengelassenhatte

2. diefrischgestrichenenwändehinterließenbeidenbesucherneinenguteneindruck

3. erhattesichmitayselzumschwimmengehenimstadtbadverabredetundversprochen,um10uhrdazusein

4. beimrückenschwimmenistermiteinemanderenbadegastzusammengestoßen

5. mitzunehmenderkonditionwarihrdassporttreibennichtmehrschwergefallen

6. imsommerurlaubistsiezumerstenmalwasserskigefahrenundhatauchmitdembergsteigenangefangen

7. vordemrendezvousversuchteer,seineerwartungenkleinzuhalten

8. ineinemtiefschürfendengesprächhattensiebaldzueinandergefunden

Rechtschreibung

„das" oder „dass"?

Der Artikel/das Pronomen „das"
Das Wort *das* kann drei unterschiedliche grammatische Funktionen haben:
1. **Artikel**
   „Er freute sich darauf, das Wochenende auf der Insel zu verbringen."
   Ersatzprobe mit dem unbestimmten Artikel oder einem Demonstrativpronomen:
   „Er freute sich darauf, *ein, dieses/jenes* Wochenende auf der Insel zu verbringen."
2. **Demonstrativpronomen**
   „Das Wetter auf Juist war im September meist schlecht. Das gab er unumwunden zu."
   Ersatzprobe mit einem anderen Demonstrativpronomen: „... *Dies* gab er unumwunden zu."
3. **Relativpronomen**
   Das Relativpronomen leitet einen Nebensatz ein und hat ein Bezugswort im Hauptsatz, z. B.:
   „Das Buch, das er sich für den Strand mitgenommen hatte, interessierte ihn nicht."
   Ersatzprobe mit dem Pronomen *welches*: „Das Buch, *welches* er sich für den Strand mitgenommen hatte, interessierte ihn nicht."

Die Konjunktion „dass"
Das Wort *dass* ist eine Konjunktion, die einen Gliedsatz einleitet.
Der Gliedsatz kann vor oder nach dem Hauptsatz stehen, zu dem er gehört. Hauptsatz und „dass"-Satz werden durch Komma getrennt, z. B.:
„Niemand hatte bemerkt, dass der Wind gedreht hatte."
„Dass Radfahren bei Gegenwind zur Strapaze werden kann, ist bekannt."
Die Konjunktion „dass" lässt sich anders als der Artikel/das Pronomen „das" nicht durch *dieses/jenes/welches* ersetzen.

1 Setze ein: „das" oder „dass"? Markiere den Artikel „das" **rot**, das Demonstrativpronomen „das" **blau**, das Relativpronomen „das" **grün** und die Konjunktion „dass" **gelb**.

Liebe Drachenfreunde,

Drachen steigen zu lassen, ist eine schöne und umweltfreundliche Freizeitbeschäftigung. Es sollte dabei jedoch wie bei anderen Sportarten darauf geachtet werden, _____ es nicht zur Gefährdung anderer kommt. Juist ist eine autofreie Insel. _____ bedeutet, _____ _____ Fahrrad und die Pferdekutsche zu wichtigen Verkehrsmitteln werden. _____ Pferd nun aber ist ein Lebewesen, _____ auf Lenkdrachen, die in seiner Nähe fliegen, ängstlich reagiert. Die plötzlichen und für die Pferde nicht einzuordnenden Bewegungen wie auch _____ Geräusch, _____ entsteht, wenn die Drachen die Luft durchschneiden, führen dazu, _____ die Pferde scheuen und oft nicht mehr kontrollierbar sind – und _____ bringt eine erhebliche Unfallgefahr mit sich. Damit die Pferde ohne Angst am Deich entlanglaufen können, ist es notwendig, _____ _____ Steigenlassen von Drachen dort unterlassen wird. _____ alles soll Ihnen nun nicht die Lust am Strandurlaub nehmen: Achten Sie bitte darauf, _____ Sie für Ihr Hobby nur die ausdrücklich dafür vorgesehenen Zonen am Deich nutzen.

Vielen Dank für Ihr Verständnis *Ihr Kurdirektor*

„das" oder „dass"?

Der folgende Textauszug stammt aus einem Roman über die Geschichte der Philosophie mit dem Titel „Sofies Welt". Die 15-jährige Sofie erhält mysteriöse Briefe, die eine interessante Einführung in die Gedankenwelt der großen Philosophen geben.

2 *Setze ein: „das" oder „dass"?*

Einer der alten griechischen Philosophen, die vor über zweitausend Jahren gelebt haben, glaubte, _____ die Philosophie durch die Verwunderung der Menschen entstanden sei. Der Mensch findet es so seltsam zu leben, _____ die philosophischen Fragen ganz von selber entstehen, meinte er. _____ ist so, wie wenn wir bei einem Zaubertrick zusehen: Wir können nicht begreifen, wie _____ , was wir sehen, möglich ist. Und dann fragen wir danach: Wie konnte der Zauberkünstler zwei weiße Seidenschals in ein lebendiges Kaninchen verwandeln? Vielen Menschen kommt die Welt genauso unfassbar vor wie _____ Kaninchen, _____ ein Zauberkünstler plötzlich aus einem eben noch leeren Zylinder zieht.

Was _____ Kaninchen anbetrifft, so ist uns klar, _____ der Zauberkünstler uns an der Nase herumgeführt hat. Wenn wir über die Welt reden, liegen die Dinge etwas anders. Wir wissen, _____ die Welt nicht Lug und Trug ist, denn wir laufen auf der Erde herum und sind ein Teil der Welt. Im Grunde sind wir _____ weiße Kaninchen, _____ aus dem Zylinder gezogen wird. Der Unterschied zwischen uns und dem weißen Kaninchen ist nur, _____ _____ Kaninchen nicht weiß, _____ es an einem Zaubertrick mitwirkt. Mit uns ist _____ anders. Wir glauben, an etwas Rätselhaftem beteiligt zu sein, und würden gerne klarstellen, wie alles zusammenhängt.

☆ **3** *In den folgenden Zitaten geht es um das Thema „Lesen". Verfahre wie in Aufgabe 2.*

> Lesen ist ebenso nützlich wie reizend [...]. Der Leser hat seinen hohen, tiefen, lang anhaltenden Genuss, ohne _____ er jemandem im Weg ist oder jemandem etwas zu Leide tut. Ist _____ nicht vortrefflich? _____ will ich meinen! Wer liest, der ist weit davon entfernt, böse Pläne zu schmieden. Eine anziehende und unterhaltsame Lektüre hat _____ Gute, _____ sie uns zeitweise vergessen macht, _____ wir böse, streitsüchtige Menschen sind, die einander nicht in Ruhe lassen können. *(Robert Walser)*

> Bastian wurde sich bewusst, _____ er die ganze Zeit schon auf _____ Buch starrte, _____ Herr Koreander vorher in den Händen gehalten hatte und _____ nun auf dem Ledersessel lag. [...]
>
> „Die unendliche Geschichte". Er starrte auf den Titel des Buches und ihm wurde wechselnd heiß und kalt. _____ , genau _____ war es, wovon er schon oft geträumt und was er sich, seit er von seiner Leidenschaft befallen war, gewünscht hatte. Eine Geschichte, die niemals zu Ende ging! Das Buch aller Bücher! *(Michael Ende)*

59

Rechtschreibung

Texte überarbeiten

Auch wenn ein Text schon auf sachliche Richtigkeit und auf einen schlüssigen Aufbau hin überprüft wurde, bleiben meist noch Fehler stehen, die es in weiteren Überarbeitungsschritten auszuräumen gilt. Du kannst dich bei deiner Überarbeitung an folgenden Fragen orientieren:

- Ist die **Wortwahl** abwechslungsreich, genau, anschaulich, angemessen?
- Ist der **Satzbau** klar und abwechslungsreich?
- Können die Sätze **stilistisch** noch verbessert werden (z. B. aus einem „Bandwurm" zwei Sätze machen)?
- Werden unnötige **Wiederholungen** und **Füllsel** vermieden?

A = Ausdruck
Sb = Satzbau
St = Stil

- Sind die Sätze **grammatikalisch korrekt** im Hinblick auf Tempus, Modus (Indikativ oder Konjunktiv), grammatische Beziehungen, Wortstellungen usw.?

T = Tempus
Gr = Grammatik
Bez = Beziehungsfehler

- Sind **Rechtschreibung** und **Zeichensetzung** einwandfrei?

R = Rechtschreibung
Z = Zeichensetzung

1 *Lies die folgende Kurzgeschichte und bearbeite anschließend Aufgabe 2 auf S. 61.*

Christa Reinig
Skorpion

Er war sanftmütig und freundlich. Seine Augen standen dicht beieinander. Das bedeutete Hinterlist. Seine Brauen stießen über der Nase zusammen. Das bedeutete Jähzorn. Seine Nase war lang und spitz. Das bedeutete unstillbare
5 Neugier. Seine Ohrläppchen waren angewachsen. Das bedeutete Hang zum Verbrechertum. Warum gehst du nicht unter die Leute?, fragte man ihn. Er besah sich im Spiegel und bemerkte einen grausamen Zug um seinen Mund. Ich bin kein guter Mensch, sagte er. Er verbohrte sich in seine
10 Bücher. Als er sie alle ausgelesen hatte, musste er unter die Leute, sich ein neues Buch kaufen gehn. Hoffentlich gibt es kein Unheil, dachte er und ging unter die Leute. Eine Frau sprach ihn an und bat ihn, ihr einen Geldschein zu wechseln. Da sie sehr kurzsichtig war, musste sie mehrmals hin-
15 und zurücktauschen. Der Skorpion dachte an seine Augen, die dicht beieinanderstanden, und verzichtete darauf, sein Geld hinterlistig zu verdoppeln. In der Straßenbahn trat ihm ein Fremder auf die Füße und beschimpfte ihn in einer fremden Sprache. Der Skorpion dachte an seine zusam-
20 mengewachsenen Augenbrauen und ließ das Geschimpfe, das er ja nicht verstand, als Bitte um Entschuldigung gelten. Er stieg aus und vor ihm lag eine Brieftasche auf der Straße. Der Skorpion dachte an seine Nase und bückte sich nicht und drehte sich auch nicht um. In der Buchhandlung
25 fand er ein Buch, das hätte er gern gehabt. Aber es war zu teuer. Es hätte gut in seine Manteltasche gepasst. Der Skorpion dachte an seine Ohrläppchen und stellte das Buch ins Regal zurück. Er nahm ein anderes. Als er es bezahlen wollte, klagte ein Bücherfreund: Das ist das Buch, das ich seit Jahren suche. Jetzt kaufts mir ein anderer weg. Der Skorpi- 30
on dachte an den grausamen Zug um seinen Mund und sagte: Nehmen Sie das Buch. Ich trete zurück. Der Bücherfreund weinte fast. Er presste das Buch mit beiden Händen an sein Herz und ging davon. Das war ein guter Kunde, sagte der Buchhändler, aber für Sie ist auch noch was da. Er 35
zog aus dem Regal das Buch, das der Skorpion so gern gehabt hätte. Der Skorpion winkte ab: Das kann ich mir nicht leisten. – Doch, Sie können, sagte der Buchhändler, eine Liebe ist der anderen wert. Machen Sie den Preis. Der Skorpion weinte fast. Er presste das Buch mit beiden Händen 40
fest an sein Herz, und da er nichts mehr frei hatte, reichte er dem Buchhändler zum Abschied seinen Stachel. Der Buchhändler drückte den Stachel und fiel tot um.

2 Unterstreiche in den folgenden Auszügen aus Schüleraufsätzen die Fehler und trage die entsprechenden Fehlerzeichen am Rand ein. Konzentriere dich dabei auf die in der Übersicht auf S. 60 genannten Fehlerbereiche. Verbessere die Texte anschließend.

In der Geschichte „Skorpion" von Christa Reinig geht es um einen Mann _der_   Z
Aussenseiter und Sonderling ist, der lieber Menschen meidet.   (Eva)

Schon das Aussehen seiner Augen, seiner Brauen, seiner Nase und seiner Ohrläppchen verraten das er schlechte Eigenschaften hat und in einem Mißverhältnis zu
seiner Umwelt steht.   (Sebastian)

Sein Rückzug aus der Gesellschaft beruht auf seiner Selbsterkenntnis „Ich bin kein
guter Mensch, sagt er" (Z. 8 f.).   (Oliver)

Im Bewußtsein seiner Neigung zum Betrug, seinem Jähzorn, seiner Neugier, seiner
Bereitschaft zum Diebstahl und seiner Habgier und Grausamkeit wiedersteht er
zunächst jedoch allen Versuchungen die ihm die Umwelt bietet.   (Christina)

Der Mann wirkt menschlich und unmenschlich zugleich, weil er weint einerseits
und andererseits reicht er jedoch dem Buchhändler seinen Stachel. (Z. 41 f.)   (Anja)

Und durch die Nettigkeit des Skorpions ist auch die Behandlung durch den Buchhändler freundlich. Er schenkte ihm sogar ein Buch. Schließlich setzt er aber doch
seinen Stachel ein, allerdings ohne es zu wollen.   (Maike)

Rechtschreibung

3 a) *Lies die folgende Buchvorstellung zunächst, ohne die Fehler im Text zu korrigieren.*
b) *Unterstreiche die Fehler und trage die entsprechenden Fehlerzeichen am Rand ein.*

TIPP

Beachte die Tipps zum Schreiben und Überarbeiten auf der hinteren Umschlagklappe sowie die Erläuterungen im Abschnitt „Rechtschreibung" (S. 49 ff.). Verwende in Zweifelsfällen das Wörterverzeichnis und den Regelteil deines Rechtschreibwörterbuchs.

c) *Verbessere den Text in deinem Heft.*

Kirsten Boie konfrontiert seine Leser mit einem fiktiven Fall der jedoch in beklemmender Weise an die Vorgänge in Solingen, Mölln und Hoyerswerda erinnert. In einer Kleinstadt mit ländlichen Character wurde ein von Türken bewohntes Haus in Brand gesteckt, zwei Kinder sind dabei ums Leben gekommen.

Das Buch beginnt nachdem das Schreckliche geschehen ist und setzt ein mit der Frage: „Wie wird einer ein Mörder? Wie wird so einer ein Mörder? Er hat es vorher nicht gewusst, noch Stunden vorher hat er nichts davon gewusst."

10 Zur Klärung dieser Frage, zur Beleuchtung der Hintergründe für diese Tat läßt die Autorin 13 Personen aus Marcos unmittelbarer Umgebung zuwort kommen: Außer Nachbarn, Freunde, Klassenkameraden, Lehrern, dem Schulleiter, dem Gemeindepastor, dem Sozialarbeiter im Jugendklub auch einen Tankstellenpächter, dem Marco manchmal bei Reperaturen hilft, sowie den Bürgermeister des Städtchens. Als fiktive Gesprächsprotokolle, mög-
15 licherweise als Tonbandaufzeichnungen von quasi autentischem Charakter stehen die Statements dieser Befragten im „Originalton" unkommentiert nebeneinander.

Sie enthalten unvollständige Sätze und Gedankensprünge, vorgetragen im Sozioleckt der jeweiligen Person. Damit wird ein hohes Maß an Unmittelbarkeit und Authentizität sugeriert.

20 Es gibt keine Handlung im klassischen Sinn, keinen Erzähler und auch keinen Protergonisten, der Identifikationsfigur sein konnte. Der Leser wird durch die gewählte Erzähl-Form in die Position des Reporters versetzt, der selbst als Person nicht auftaucht, und auch bis auf eine Ausnahme von den Befragten nie mehr angesprochen wird.

Damit bleibt es dem Leser allein überlassen sich aus den einzelnen Äußerungen ein Bild zu
25 machen, Schlüsse zu folgern, Hintergründe und Zusammenhänge zu erkennen.

Aus dem Prolog weiss er zunächst nur das Marco ein Mörder ist und das er etwas getan hat was offensichtlich nicht geplant war. Erst im Laufe des Buches setzt sich aus den Auszügen und Kommentaren der Befragten für den Leser ein Puzzle zusammen, das den Tathergang vor allem aber die Umstände die dazu führen konnten erkennbar macht. Auch in bezug auf
30 Marco gewinnt er aus den Äußerungen der befragten Personen einen Eindruck [...].

62

Reden analysieren

> **Redesituation klären**
> Zum richtigen Verständnis einer öffentlichen Rede sind möglichst genaue Informationen zur Redesituation notwendig. Zur Redesituation gehören:
> - Ort und Zeit der Rede,
> - Adressaten (Art des Publikums),
> - gesellschaftliche und/oder politische Zeitumstände,
> - Anlass der Rede.

1 *Lies den folgenden Redeanfang.*

Meine Berliner und Berlinerinnen!

Ich bin stolz, heute in Ihre Stadt zu kommen als Gast Ihres hervorragenden Regierenden Bürgermeisters[1], der in allen Teilen der Welt als Symbol für den Kampf und den Widerstandsgeist West-Berlins gilt. Ich bin stolz, auf dieser Reise die Bundesrepublik Deutschland zusammen mit Ihrem hervorragenden Herrn Bundeskanzler[2] besucht zu haben, der während so langer Jahre die Politik bestimmt hat nach den Richtlinien der Demokratie, der Freiheit und des Fortschritts. Ich bin stolz darauf, heute in Ihre Stadt in der Gesellschaft eines amerikanischen Mitbürgers gekommen zu sein. General Clay[3], der hier tätig war in der Zeit der schwersten Krise[4], durch die diese Stadt gegangen ist, und der wieder nach Berlin kommen wird, wenn es notwendig werden sollte.

[1] **Willy Brandt** (1913–1992): SPD-Politiker, 1957–1966 regierender Bürgermeister von Berlin, später Bundeskanzler
[2] **Konrad Adenauer** (1876–1967): CDU-Politiker, 1949–1963 Bundeskanzler, entschiedener Verfechter der Westintegration Deutschlands nach dem Zweiten Weltkrieg
[3] **Lucius D. Clay** (1897–1978): General, 1947–1949 Militär-Gouverneur der amerikanischen Besatzungszone in Deutschland, 1961–1962 persönlicher Berlinbeauftragter Präsident Kennedys
[4] **Berlin-Krisen:** 1948/49: Berlin-Blockade durch Sowjet-Truppen, General Clay organisierte eine Luftbrücke zur Versorgung Berlins; 13. August 1961: West-Berlin wird hermetisch abgeriegelt, es folgte der Bau der Mauer

2 *Möglicherweise erkennst du diese berühmte Rede an ihren ersten Sätzen. Aber auch wenn dies nicht der Fall ist, kannst du aus dem Gesagten einige Informationen zur Redesituation entnehmen. Andererseits ergeben sich auch Fragen. Lies den Auszug aus der Rede noch einmal genau und trage dann Informationen und Fragen in die folgende Tabelle ein.*

Informationen/begründete Vermutungen zur Redesituation (mit Hinweis auf Belegstellen)	Fragen/Unklarheiten hinsichtlich der Redesituation

3 *Die Texte auf der folgenden Seite geben dir Hintergrundinformationen zu den Umständen, unter denen die oben zitierte Rede gehalten wurde. Unterstreiche alle wichtigen Aussagen und fasse sie dann in deinem Heft in einem kurzen Text zusammen.*

Umgang mit Texten

24. Juni 1948
„Rosinenbomber" in der Luft

Als unmittelbare Reaktion auf die Währungsreform in den drei westlichen Besatzungszonen unterbricht die Sowjetische Militäradministration in Deutschland (SMAD) auch den Eisenbahnverkehr zwischen den Westsektoren Berlins und den westlichen Besatzungszonen. Nachdem bereits zuvor die Autobahn Berlin – Helmstedt wegen angeblich notwendiger Reparaturarbeiten bei Magdeburg gesperrt und auch der übrige Personenverkehr auf Straße, Schiene und Wasserwegen unterbrochen wurde, sind die drei alliierten Luftkorridore die letzte Verbindung zwischen Berlin und den Westzonen. Die Westalliierten reagieren auf die von der UdSSR eingeleitete Berlinblockade mit einer Luftbrücke.

General Lucius D. Clay, US-Militärgouverneur in Deutschland, gibt am 26. Juni offiziell Anweisung, die Versorgung der blockierten Westsektoren Berlins auf dem Luftwege aufzunehmen. Es beginnt eine in der deutschen Geschichte beispiellose Hilfsaktion, mit der sich die Westalliierten zu einem freien Berlin bekennen. Hätten sie dem Druck der Sowjetunion nachgegeben und sich aus ihren Sektoren in Berlin

„Rosinenbomber" im Anflug auf Berlin

zurückgezogen, wäre zwangsläufig die Eingliederung West-Berlins in die Ostzone die Folge gewesen. […]

Schon bald gehört der Landeanflug der westalliierten Maschinen für die Berliner Bevölkerung zum Alltagsbild (s. Abb.). Auf dem Höhepunkt der Berlinblockade landen die Maschinen, die der Berliner Volksmund bald „Rosinenbomber" tauft, im Minutentakt in Berlin. Neben Lebensmitteln werden sämtliche Güter, die für die Versorgung notwendig sind, nach Berlin gebracht. Rund 63 % der Fracht bestehen aus Kohlelieferungen, 28 % aus Lebensmitteln. Trotz der Luftbrücke muss die Bevölkerung Entbehrungen und Einschränkungen ertragen.

12. Mai 1949
Berliner feiern Blockade-Ende

Die Berliner Bevölkerung feiert die Aufhebung der verhängten Blockade durch die sowjetische Besatzungsmacht. 322 Tage lang versorgten Flugzeuge der Westmächte die Einwohner mit fast 1,8 Mio. Tonnen lebenswichtigen Gütern.

Moskau hatte sämtliche Verkehrswege nach Berlin am 24. Juni 1948 abgeriegelt und die Stromversorgung unterbrochen. Mit dieser Zwangsmaßnahme reagierte die Sowjetregierung auf die Weigerung des Westens, ganz Berlin in das sozialistische Währungssystem einzubeziehen. Die „Rosinenbomber" verkörperten den Willen des Westens, Berlin nicht der UdSSR preiszugeben. General Lucius D. Clay machte unmissverständlich klar, dass nur ein Krieg die USA aus Berlin vertreiben könne. Die Blockade endet schließlich nach Verhandlungen der UN-Delegierten Philip Jessup (USA) und Jakow Malik (UdSSR). Die Sowjets haben ihr Ziel nicht erreicht. Die Aufrechterhaltung der Luftbrücke kostete die Westmächte 200 Mio. Dollar. 55 Menschen kamen bei Flugzeugunglücken ums Leben.

13. August 1961
Ost-Berlin zementiert die deutsche Teilung

Die DDR beginnt mit der Errichtung der Mauer in Berlin. Grenzpolizisten und Betriebskampfgruppen riegeln die Grenzen zwischen dem Westen und dem Osten der Spreemetropole sowie zwischen den drei Westsektoren und der DDR mit Stacheldraht und Sperrzäunen ab. Die Bevölkerung und die Weltöffentlichkeit reagieren mit Fassungslosigkeit.

In Berlin werden von den 81 Übergangsstellen 69 geschlossen. Bewohner der DDR und Ost-Berlins dürfen sie nur noch mit besonderer Genehmigung passieren. Nachdem am 14. August das Brandenburger Tor zum Westen hin abgeriegelt wird, werden am 15. August erstmals Betonplatten zur Absperrung verwendet. Der Bau der eigentlichen Mauer beginnt. Tausende von Ost-Berlinern und DDR-Bürgern versuchen, noch im letzten Moment in den Westen zu fliehen.

Das Bild des in letzter Minute in den Westen flüchtenden DDR-Volkspolizisten ging um die Welt

26. Juni 1963
Kennedy: „Ich bin ein Berliner"

Mit den berühmten, auf Deutsch formulierten Worten „Ich bin ein Berliner", gesprochen auf dem Platz vor dem Schöneberger Rathaus, trifft US-Präsident John F. Kennedy bei seinem Besuch in West-Berlin den Nerv der 400 000 begeisterten Zuhörer und

John F. Kennedy während der Rede in Berlin am 26.6.1963

der gesamten freien Welt. Kennedys demonstrative Verbundenheit mit der geteilten und gefährdeten Stadt führt zu nicht enden wollenden Ovationen.

Zum Abschluss und zugleich als Höhepunkt seines viertägigen Deutschlandbesuchs trifft Kennedy um 9.40 Uhr auf dem Flughafen Tegel ein. In seiner Begleitung befinden sich US-Außenminister Dean Rusk und Lucius D. Clay, der ehemalige Militärgouverneur und Organisator der Luftbrücke. Zu den Klängen des Schlagers „Das ist die Berliner Luft, Luft, Luft …" setzt sich die 500 m lange Auto- und Motorradkolonne mit 130 Polizisten in Richtung Innenstadt in Bewegung. Auf der 52 km langen Strecke, die Kennedy in Begleitung von Berlins Regierendem Bürgermeister Willy Brandt und Bundeskanzler Konrad Adenauer zurücklegt, säumen jubelnde Berliner in mehreren Reihen hintereinander die Straßen.

> **Begriffe klären**
> Für das genauere Verständnis einer Rede ist es wichtig, die **Bedeutung zentraler Begriffe** der Rede zu **klären** und zu untersuchen, wie der Redner die Begriffe im Kontext seiner Rede einsetzt und zur Überzeugung oder Überredung der Zuhörer nutzt.

4 *Lies nun den kompletten Text der Rede Kennedys vom 26. Juni 1963.*

Meine Berliner und Berlinerinnen!

Ich bin stolz, heute in Ihre Stadt zu kommen als Gast Ihres hervorragenden Regierenden Bürgermeisters, der in allen Teilen der Welt als Symbol für den Kampf und den Widerstandsgeist West-Berlins gilt. Ich bin stolz, auf dieser Reise die Bundesrepublik Deutschland zusammen mit Ihrem hervorragenden Bundeskanzler besucht zu haben, der während so langer Jahre die Politik bestimmt hat nach den Richtlinien der Demokratie, der Freiheit und des Fortschritts. Ich bin stolz darauf, heute in Ihre Stadt in der Gesellschaft eines amerikanischen Mitbürgers gekommen zu sein. General Clay, der hier tätig war in der Zeit der schwersten Krise, durch die diese Stadt gegangen ist, und der wieder nach Berlin kommen wird, wenn es notwendig werden sollte.

Präsident John F. Kennedy erneuert die Sicherheitsgarantien der USA für West-Berlin

Vor zweitausend Jahren war der stolzeste Satz, den ein Mensch sagen konnte, der: „Ich bin ein Bürger Roms!" Heute ist der stolzeste Satz, den jemand in der freien Welt sagen kann: „Ich bin ein Berliner!" Wenn es in der Welt Menschen geben sollte, die nicht verstehen oder die nicht zu verstehen vorgeben, worum es heute in der Auseinandersetzung zwischen der freien Welt und dem Kommunismus geht, dann können wir ihnen nur sagen, sie sollen nach Berlin kommen. Es gibt Leute, die sagen, dem Kommunismus gehöre die Zukunft. Sie sollen nach Berlin kommen! Und es gibt wieder andere in Europa und in anderen Teilen der Welt, die behaupten, man könnte mit den Kommunisten zusammenarbeiten. Auch sie sollen nach Berlin kommen! Und es gibt auch einige wenige, die sagen, es treffe zu, dass der Kommunismus ein böses und ein schlechtes System sei; aber er gestatte es ihnen, wirtschaftlichen Fortschritt zu erreichen. Aber lasst auch sie nach Berlin kommen!

Ein Leben in der Freiheit ist nicht leicht und die Demokratie ist nicht vollkommen. Aber wir hatten es nie nötig, eine Mauer aufzubauen, um unsere Leute bei uns zu halten und sie daran zu hindern, woanders hinzugehen. Ich möchte Ihnen im Namen der Bevölkerung der Vereinigten Staaten, die viele Tausende Kilometer von Ihnen entfernt auf der anderen Seite des Atlantiks lebt, sagen, dass meine amerikanischen Mitbürger sehr stolz darauf sind, mit Ihnen zusammen selbst aus der Entfernung die Geschichte der letzten achtzehn Jahre teilen zu können. Denn ich weiß nicht, dass jemals eine Stadt achtzehn Jahre lang belagert wurde und dennoch lebt mit ungebrochener Vitalität, mit unerschütterlicher Hoffnung, mit der gleichen Stärke und mit der gleichen Entschlossenheit wie heute West-Berlin.

Die Mauer ist die abscheulichste und die stärkste Demonstration für das Versagen des kommunistischen Systems. Die ganze Welt sieht dieses Eingeständnis des Versagens … Durch die Mauer werden Familien getrennt, der Mann von der Frau, der Bruder von der Schwester, Menschen werden mit Gewalt auseinandergehalten, die zusammenleben wollen …

Sie leben auf einer verteidigten Insel der Freiheit. Aber Ihr Leben ist mit dem des Festlandes verbunden, und deswegen fordere ich Sie zum Schluss auf, den Blick über die Gefahren des Heute hinweg auf die Hoffnung des Morgen zu richten, über die Freiheit dieser Stadt Berlin, über die Freiheit Ihres Landes hinweg auf den Vormarsch der Freiheit überall in der Welt, über die Mauer hinweg, auf den Tag des Friedens in Gerechtigkeit.

Die Freiheit ist unteilbar, und wenn auch nur einer versklavt ist, dann sind nicht alle frei. Aber wenn der Tag gekommen sein wird, an dem alle die Freiheit haben und Ihre Stadt und Ihr Land wieder vereint sind, wenn Europa geeint ist und Bestandteil eines friedvollen und zu höchsten Hoffnungen berechtigten Erdteils, dann können Sie mit Befriedigung von sich sagen, dass die Berliner und diese Stadt Berlin zwanzig Jahre lang die Front gehalten haben. Alle freien Menschen, wo immer sie leben mögen, sind Bürger dieser Stadt West-Berlin, und deshalb bin ich als freier Mann stolz darauf, sagen zu können: Ich bin ein Berliner!

Umgang mit Texten

5 *Kennedys Rede ist von einem Begriff geprägt: „Freiheit".*
   a) Erläutere mit eigenen Worten, wie dieser Begriff in den angegebenen Sätzen verwendet wird.

Z. 20-25:

Z. 34-35:

Z. 55:

Z. 55-62:

Z. 63-64:

Z. 64-68:

Z. 71-72:

b) Für die Menschen damals in Berlin hatte der Begriff „Freiheit" eine andere Bedeutung als für uns heute. Stelle gegenüber, welchen Beiklang das Wort damals hatte und heute hat. Notiere auch Stichworte zur „Schnittmenge" der Bedeutungen.

„Freiheit" im Berlin der 1960er-Jahre	„Freiheit" damals wie heute	„Freiheit" heute

Reden analysieren

Bei der **Bedeutung eines Wortes** ist zwischen seiner Denotation und seiner Konnotation zu unterscheiden:
Denotation meint die sachliche, allgemeine Bedeutung eines Wortes, die man im Wörterbuch nachlesen kann.
Zur **Konnotation** gehören all die Vorstellungen, die die Menschen mit einem Wort spontan oder auf Grund der gesellschaftlichen Situation und Tradition verbinden.

6 *Kläre bei folgenden Wörtern aus Kennedys Rede die Denotation und notiere Konnotationen, die sie zum damaligen Zeitpunkt hatten:*

„Mauer"

Denotation	Konnotationen

„Kommunismus"

Denotation	Konnotationen

„Hoffnung"

Denotation	Konnotationen

7 *Mit Hilfe der Ergebnisse der Aufgaben 5 und 6 wird es dir nun nicht schwerfallen, die Absicht zu bestimmen, mit der Kennedy seine Rede gehalten hat. Formuliere thesenartig, welche Intentionen der Redner verfolgt.*

1.

2.

3.

67

Umgang mit Texten

> **Rhetorische Figuren erkennen**
> Rhetorische Figuren sind semantische oder syntaktische Stilmittel, die bewusst eingesetzt werden, um einer Rede eine stärkere Wirkung zu verleihen. Sie sind nicht einfach nur „Schmuck" einer Rede, sondern **zielen auf die Gefühle der Zuhörer.**

8 a) Beschreibe die Stilmittel in Kennedys Rede und ihre Wirkung an folgenden Textstellen. Zur Benennung der rhetorischen Figuren kannst du die unten stehende Übersicht heranziehen.

Z. 2–12:

Z. 17–20:

Z. 25–33:

Z. 55:

Semantische Stilmittel	Definition	Beispiel
Alliteration	gleicher Wortanlaut bei Wörtern	„mit **M**ann und **M**aus, **K**ind und **K**egel"
Metapher	sprachliches Bild	„Spendensumpf"
Personifikation	Nicht-Menschliches wird wie ein Mensch dargestellt	„blinder Zufall"; „schreiende Ungerechtigkeit"
Symbol	feststehendes Bild, das oft auf eine abstrakte Vorstellung verweist	„Rose" (Symbol der Liebe); „Taube" (Symbol des Friedens)

Syntaktische Stilmittel	Definition	Beispiel
Anapher	Wiederholung des gleichen Wortes oder mehrerer Wörter am Satzanfang	„*Sie* verzichten auf Freizeit." „*Sie* verzichten auf Lohn."
Ellipse	Auslassung von Wörtern im Satz	„*Ich*, ein Mörder?" (statt: Ich soll ein Mörder sein?)
Inversion	Umkehrung der normalen Wortstellung im Satz	„Ein Lügner ist er!" (statt: Er ist ein Lügner!)
Parallelismus	parallele Anordnung gleichrangiger Satzteile, oft verbunden mit der Anapher	„Sie hört nur, *was sie will.*" „Sie tut nur, *was sie will.*"

b) Schreibe andere Stellen aus dem Redetext heraus, die deutlich an die Emotionen der Zuhörer und Zuhörerinnen appellieren, und benenne die angesprochenen Gefühle. Arbeite im Heft.

Reden analysieren

Leitfragen zur Redeanalyse
Bei der Redeanalyse sind folgende **Untersuchungsaspekte** wichtig:
- Situation,
- Inhalt der Rede,
- Redeabsicht/Intention,
- formaler Aufbau und Argumentation,
- rhetorische Figuren (s. S. 68).

9 Alle Aufgaben, die du in diesem Kapitel bislang bearbeitet hast, waren wichtige Schritte zur Analyse einer Rede. Eine umfassende Übersicht über alle zu beachtenden Aspekte kannst du dir anlegen, wenn du die folgenden Fragen in das Raster auf der nächsten Seite einordnest.

Wie ist der Satzbau?

Welches Publikum hat die Rede?

Werden die Interessen des Redners offen dargelegt oder verdeckt?

Wo und wann wird die Rede gehalten?

Welche Hauptaussagen enthält die Rede?

Welche aufwertenden und abwertenden Adjektive und Substantive fallen auf?

Wie werden Mimik und Gestik eingesetzt?

Zu welchem Anlass wird die Rede gehalten?

Welche Wirkung will der Redner erzielen und woran erkennt man das?

Gibt es Vorwürfe, Appelle, Forderungen o. Ä.?

Welche rhetorischen Mittel werden verwendet?

Für und/oder gegen wen nimmt die Rede Partei?

Wie wird die Rede vorgetragen (Lautstärke, Tempo u. Ä.)?

Sind Medien mit einbezogen? Welche und mit welcher Wirkung?

Wie ist die Rede inhaltlich gegliedert?

Bezieht der Redner das Publikum mit ein oder geht er über es hinweg?

Welche Sachverhalte werden angesprochen?

Welche Argumente verwendet der Redner?

Enthält die Rede Anklänge an bestimmte Stile? Werden verschiedene Sprachschichten verwendet?

69

Umgang mit Texten

Leitfragen zur Analyse einer Rede

I.   Redesituation

II.   Inhalt

III. Redeabsicht/Intention

IV.   formaler Aufbau und Argumentation

V.   rhetorische Figuren

20. Juni 1991
Bundestag beschließt den Umzug

Nach einer überaus dramatischen Sitzung – Beobachter sprechen auch von einer Sternstunde des deutschen Parlamentarismus – gibt Bundestagspräsidentin Rita Süssmuth (CDU) in den Abendstunden das mit Spannung erwartete Ergebnis der namentlichen Abstimmung über den künftigen Parlaments- und Regierungssitz des vereinten Deutschlands bekannt: 338 Abgeordnete votieren für Berlin, 320 für Bonn. Die unterschiedlichen Positionen ziehen sich quer durch alle Parteien. Fraktionsübergreifend formieren sich Interessengruppen. Am Tag der Abstimmung greifen mehr als 100 Redner in die Debatte ein. In einer bemerkenswerten Rede spricht sich auch Wolfgang Schäuble (CDU, 1989–1991 Innenminister, seit 2005 erneut) für Berlin aus.

10 *Lies den folgenden Redetext.*

Rede des Bundesinnenministers
Dr. Wolfgang Schäuble (CDU) am 20.06.1991
vor dem Deutschen Bundestag

Frau Präsidentin! Meine sehr geehrten Damen und Herren! Wir sind von manchem in den letzten Monaten überrascht worden. Dass wir im vergangenen Jahr die Einheit Deutschlands in Frieden und Freiheit erreichen würden, hat uns je-
5 denfalls in der zeitlichen Abfolge gewiss überrascht. Dass wir danach so sehr über den Sitz von Parlament und Regierung miteinander ringen würden, hat mich jedenfalls auch überrascht.

Ich glaube, in den 40 Jahren, in denen wir geteilt waren,
10 hätten die allermeisten von uns auf die Frage, wo denn Parlament und Regierung sitzen werden, wenn wir die Wiedervereinigung haben, die Frage nicht verstanden und gesagt: selbstverständlich in Berlin.
(Beifall bei Abgeordneten der CDU/CSU, der FDP,
15 *der SPD und dem Bündnis 90/GRÜNE)*
Die Debatte, die wir geführt haben und noch führen, hat natürlich auch dazu beigetragen, dass jeder die Argumente und die Betroffenheit der anderen besser verstanden hat. Auch ich bekenne mich dazu, dass ich die Argumente und
20 die Betroffenheit derer, die für Bonn sind, heute besser verstehe als vor einigen Monaten. Ich will das ausdrücklich sagen und auch meinen Respekt dafür bekunden.
Ich glaube auch, dass es deshalb verdienstvoll war, wenn sich viele – ich auch – bemüht haben, als Grundlage einen
25 Konsens zu finden,
(Beifall bei der CDU/CSU und der FDP
sowie bei Abgeordneten der SPD)
um vielleicht zu vermeiden, was bei der einen oder anderen Entscheidung damit notwendigerweise an Folgen ver-
30 bunden ist. Wir haben den Konsens nicht gefunden. Und auf der anderen Seite ist es vielleicht nun auch gut, dass wir heute entscheiden müssen.
Für mich ist es – bei allem Respekt – nicht ein Wettkampf zwischen zwei Städten, zwischen Bonn und Berlin.
35 *(Zuruf von der FDP: Richtig!)*
Es geht auch nicht um Arbeitsplätze, Umzugs- oder Reise-

kosten, um Regionalpolitik oder Strukturpolitik. Das alles ist zwar wichtig,
(Otto Schily [SPD]: Sehr wahr!)
aber in Wahrheit geht es um die Zukunft Deutschlands. 40
Das ist die entscheidende Frage.
(Beifall bei der CDU/CSU, der FDP, der SPD
und dem Bündnis 90/GRÜNE)
Wenn wir die Teilung überwinden wollen, wenn wir die Einheit wirklich finden wollen, brauchen wir Vertrauen 45
und müssen wir uns gegenseitig aufeinander verlassen können. Deshalb gewinnt in dieser Entscheidung für mich die Tatsache Bedeutung, dass in 40 Jahren niemand Zweifel hatte, dass Parlament und Regierung nach der Herstellung der Einheit Deutschlands ihren Sitz wieder in Berlin haben 50
werden.
(Beifall bei Abgeordneten der CDU/CSU, der FDP,
der SPD und dem Bündnis 90/GRÜNE)
In diesen 40 Jahren – auch das ist wahr – stand das Grundgesetz, stand die alte Bundesrepublik Deutschland mit ih- 55
rer provisorischen Hauptstadt Bonn für Freiheit, Demokratie und Rechtsstaat. Aber sie stand damit immer für das ganze Deutschland. Und das Symbol für Einheit und Freiheit, für Demokratie und Rechtsstaatlichkeit für das ganze Deutschland war wie keine andere Stadt immer Berlin: 60
(Beifall bei der CDU/CSU, der FDP, der SPD
und dem Bündnis 90/GRÜNE)
von der Luftbrücke über den 17. Juni 1953, den Mauerbau im August 1961 bis zum 9. November 1989 und bis zum
3. Oktober im vergangenen Jahr. [...] 65
Deutsche Einheit und europäische Einheit bedingen sich gegenseitig. Das haben wir immer gesagt und das hat sich bewahrheitet. Meine Heimat, ich sagte es, liegt in der Nachbarschaft von Straßburg. Aber Europa ist mehr als Westeuropa. 70
(Beifall bei Abgeordneten der CDU/CSU, der FDP,
der SPD und dem Bündnis 90/GRÜNE)
Deutschland, die Deutschen, wir haben unsere Einheit gewonnen, weil Europa seine Teilung überwinden wollte. Deshalb ist die Entscheidung für Berlin auch eine Entschei- 75
dung für die Überwindung der Teilung Europas.

(Beifall bei Abgeordneten der CDU/CSU, der FDP, der SPD und dem Bündnis 90/GRÜNE)
[...] Ich sage noch einmal, liebe Kolleginnen und Kollegen: Es geht heute nicht um Bonn oder Berlin, sondern es geht um unser aller Zukunft, um unsere Zukunft in unserem vereinten Deutschland, das seine innere Einheit erst noch finden muss, und um unsere Zukunft in einem Europa, das seine Einheit verwirklichen muss, wenn es seiner Verantwortung für Frieden, Freiheit und soziale Gerechtigkeit gerecht werden will.
Deshalb bitte ich Sie herzlich: Stimmen Sie mit mir für Berlin.
(Lang anhaltender Beifall bei Abgeordneten der CDU/CSU, der FDP, der SPD und dem Bündnis 90/GRÜNE – Abgeordnete der CDU/CSU und der SPD erheben sich – Abg. Willy Brandt [SPD] gratuliert Abg. Dr. Wolfgang Schäuble [CDU/CSU].

11 *Untersuche die Rede Schäubles mit Hilfe der Fragen, die du in Aufgabe 9 auf S. 69/70 geordnet hast. Schreibe deine Analyse ins Heft.*
  a) *Vergleiche die Rede Schäubles mit derjenigen Kennedys, indem du zentrale Begriffe suchst, die beide Redner benutzen, und ihre Bedeutung einander gegenüberstellst.*

	... in Kennedys Rede	... in Schäubles Rede
Freiheit		

  b) *Welchen unmittelbaren argumentativen Bezug gibt es zwischen den beiden Reden? Schreibe in dein Heft.*
  c) *Schreibe eine Rede zum Thema: „Deutschland heute – Berlin als Hauptstadt von Ost und West". Arbeite im Heft.*

Umgang mit Texten

Erzählende Texte erschließen

Die Erzählerin/der Erzähler

Ein wesentliches Gattungsmerkmal von Erzähltexten ist die Wiedergabe des Geschehens durch einen **Erzähler**. Der Erzähler/die Erzählerin ist nicht mit dem Autor/der Autorin gleichzusetzen; es handelt sich um eine vom Autor erfundene Figur, die Bestandteil der Geschichte ist. Die Art und Weise, wie der Erzähler das Geschehen wiedergibt, ist für die beabsichtigte Wirkung der Geschichte wichtig. Deshalb sollte man sich bei der Untersuchung eines Erzähltextes Klarheit über die Erzählweise verschaffen.
Hierbei kann man auf folgende Aspekte achten:

- Welche **Erzählform** liegt vor?
  Ist die Geschichte in der **Er-/Sie-Form** oder in der **Ich-Form erzählt**? In einer Er-Erzählung kann der Erzähler z. B. ganz im Hintergrund bleiben und als Person kaum erkennbar werden; in einer Ich-Erzählung ist das Ich immer zugleich erzählende und handelnde Person, die zeitliche Distanz zum erzählten Geschehen kann variieren.
- Welches **Erzählverhalten** bevorzugt der Erzähler?
  - Nimmt der Erzähler den Leser „an die Hand", indem er über das Geschehen reflektiert, Kommentare anbringt oder Figuren beurteilt, bezeichnet man dies als **auktoriales** Erzählverhalten.
  - Wird dagegen aus der Sicht einer oder abwechselnd mehrerer Figuren erzählt, ohne dass der Erzähler durch Wertungen, Kommentare, Reflexionen hervortritt, handelt es sich um **personales** Erzählverhalten. Die Schilderung von Vorgängen oder die Äußerung von Wertungen und Reflexionen erfolgt hier ausschließlich aus der Sicht einer handelnden Figur.
  - Wenn der Erzähler weder aus der Sicht einer Figur erzählt noch durch kommentierende Äußerungen zum Geschehen als Person hervortritt, liegt ein **neutrales** Erzählverhalten vor. Vorgänge und Fakten werden dabei sachlich beschrieben oder berichtet. Das Erzählte kann an ein Protokoll erinnern, wenn z. B. Gespräche ohne Zwischenbemerkungen einfach wiedergegeben werden (szenisches Erzählen).

1 *Untersuche die folgenden Textausschnitte jeweils im Hinblick auf die Aspekte Erzählform und Erzählverhalten. Markiere Belegstellen. Schreibe deine Untersuchungsergebnisse auf S. 74 auf und verweise auf die entsprechenden Belegzeilen.*

Text 1

Miguel de Cervantes Saavedra

Leben und Taten des scharfsinnigen Edlen Don Quixote von La Mancha (1605)
(aus dem Spanischen übersetzt von Ludwig Tieck)

In einem Dorfe von La Mancha an dessen Namen ich mich nicht entsinnen mag, lebte unlängst ein Edler, einer von denen, die eine Lanze auf dem Vorplatz haben, einen alten Schild, einen dürren Klepper und einen Jagdhund. [...]
5 Das Alter unsers Edlen war an den Fünfzigern. Er war von frischer Konstitution, mager, von dürrem Gesichte, ein großer Frühaufsteher und Freund der Jagd. Es gibt einige, die sagen, dass er den Zunamen Quixada oder Quesada führte – denn hierin findet sich einige Verschiedenheit un-
10 ter den Schriftstellern, die von diesen Begebenheiten Meldung getan –, obgleich es sich aus wahrscheinlichen Vermutungen schließen lässt, dass er sich Quixana nannte. Dies aber tut unserer Geschichtserzählung wenig Eintrag; genug, dass wir in keinem Punkte von der Wahrheit
15 abweichen.

Es ist zu wissen, dass oben genannter Edler die Zeit, die ihm zur Muße blieb – und dies betrug den größten Teil des Jahres –, dazu anwandte, Bücher von Rittersachen mit solcher Liebe und Hingebung zu lesen, dass er darüber fast die Ausübung der Jagd als auch die Verwaltung seines Vermögens 20 vergaß. [...]

„Don Quixote, Ritter von der traurigen Gestalt, Held des Romans von Cervantes, der, aus niederem Adel stammend, in der Traumwelt der Ritterromane lebt. Auf seinen Abenteuerfahrten kämpft er gegen Windmühlen, die er für Riesen hält. Lächerlich und ergreifend zugleich, hält er, ein edler, hochstrebender Geist, der nüchternen Welt zum Trotz, an seinen Illusionen fest."

(aus: Brockhaus Lexikon)

Text 2

Gustave Flaubert

Madame Bovary (1857)
(aus dem Französischen übersetzt von Wolfgang Techtmeier)

Der nächste Tag war für Emma ein Trauertag. Alles schien ihr in einen schwarzen Dunstschleier gehüllt, der undeutlich über dem Äußeren der Dinge schwamm, und der Kummer verfing sich mit leisem Heulen in ihrer Seele, wie es
5 der Winterwind in den Schlössern tut. Es war jene Träumerei, in die man über das versinkt, was nicht wiederkehrt, die Müdigkeit, die uns nach jeder vollendeten Tatsache überkommt, jener Schmerz schließlich, der die Unterbrechung jeder gewohnten Bewegung, das plötzliche Aufhören eines
10 langanhaltenden Vibrierens mit sich bringt.
 Wie bei der Rückkehr von La Vaubyessard, als die Quadrillen in ihrem Kopf wirbelten, war sie voll düsterer Schwermut, dumpfer Verzweiflung. Léon erschien wieder größer, schöner, anmutiger, undeutlicher; obgleich er von ihr ge-
15 trennt war, hatte er sie nicht verlassen, er war da und die Wände des Hauses schienen seinen Schatten zu bewahren. Sie konnte ihren Blick nicht von diesem Teppich lösen, über den er geschritten war, von diesen leeren Möbeln, auf denen er gesessen hatte. Der Fluss strömte noch immer und
20 trieb langsam seine kleinen Wellen an der glatten Uferböschung entlang. Sie waren dort viele Male spazieren gegangen bei dem gleichen Murmeln der Wellen, auf diesen mit Moos bedeckten Kieselsteinen. Welch schöne Sonnentage sie gehabt hatten! Welch schöne Nachmittage, allein, im
25 Schatten, hinten im Garten! Er las ganz laut vor, barhäup-

tig, auf einem Schemel aus trockenem Rohr; der frische Wind von den Wiesen ließ die Seiten des Buches und die Kapuzinerkresse der Laube erzittern. Ach, er war fort, der einzige Reiz ihres Lebens, die einzig mögliche Hoffnung auf eine Glückseligkeit! [...]
30

„Emma Bovary, geb. Rouault, wohlbehütete Tochter eines reichen Bauern, verlebt eine ereignislose Jugend mit klösterlicher Erziehung, ist sentimental und empfänglich für romantische Träumereien; in der Ehe mit Charles gerät sie in den Konflikt zwischen Traumwelt und versäumter Realität. Nach doppeltem Ehebruch ist ihr Selbstmord das Fazit eines unerfüllten Lebens."
(aus: Harenbergs Lexikon der Weltliteratur, Autoren – Werke – Begriffe)

Text 3

Ödön von Horváth
Jugend ohne Gott (1938)

Als ich zur nächsten Stunde die Klasse, in der ich mir erlaubte, etwas über die Neger zu sagen[1], betrete, fühle ich sogleich, dass etwas nicht in Ordnung ist. Haben die Herren meinen Stuhl mit Tinte beschmiert? Nein. Warum schauen sie mich nur so schadenfroh an?
Da hebt einer die Hand. Was gibt's? Er kommt zu mir, verbeugt sich leicht, überreicht mir einen Brief und setzt sich wieder. Was soll das?
Ich erbreche den Brief, überfliege ihn, möchte hochfahren, beherrsche mich jedoch und tue, als würde ich ihn genau lesen. Ja, alle haben ihn unterschrieben, alle fünfundzwanzig, der W ist noch immer krank.
„Wir wünschen nicht mehr", steht in dem Brief, „von Ihnen unterrichtet zu werden, denn nach dem Vorgefallenen haben wir Endesunterzeichneten kein Vertrauen mehr zu Ihnen und bitten um eine andere Lehrkraft."

> „Aus der Perspektive eines noch jungen Lehrers, der sich humanistischen Werten und Idealen verpflichtet fühlt, schildert Horváths Roman den in Deutschland herrschenden nationalsozialistischen Ungeist. Dieser äußert sich exemplarisch im Verhalten einer Schulklasse, die für eine fanatisch-reaktionäre, von Staats wegen verhetzte Jugend insgesamt steht."
> (aus: Harenbergs Lexikon der Weltliteratur, Autoren – Werke – Begriffe)

Ich blicke die Endesunterzeichneten an, einen nach dem anderen. Sie schweigen und sehen mich nicht an. Ich unterdrücke meine Erregung und frage, wie so nebenbei: „Wer hat das geschrieben?"
Keiner meldet sich. [...]

[1] In einem Aufsatz über Kolonialprobleme im Fach Geografie hatte ein Schüler geschrieben: „Alle Neger sind hinterlistig, feig und faul." Der Lehrer machte im Unterricht die Bemerkung: „Auch die Neger sind doch Menschen."

2 *Verändere die Texte aus Aufgabe 1 in deinem Heft, indem du die Erzählweise variierst (siehe Teilaufgaben a–c).*
Du kannst beim Umschreiben kürzen.
Vergleiche anschließend jeweils die Wirkung des Originaltextes mit der des veränderten Textes.
a) Don Quixote stellt sich selbst vor. Schreibe einen kurzen Text in der Ich-Form.
b) Ändere in dem Romanausschnitt aus „Madame Bovary" das Erzählverhalten, behalte die Erzählform bei.
c) Ändere im Textauszug aus „Jugend ohne Gott" die Erzählform.

Umgang mit Texten

> **Die Kurzgeschichte**
> Der Gattungsbegriff „Kurzgeschichte" ist eine Übersetzung des amerikanischen Begriffs „short story".
> In Form und Darstellungsweise können Kurzgeschichten sehr unterschiedlich sein. Es gibt aber neben dem Merkmal der Kürze weitere Merkmale, die oft nachzuweisen sind:
>
> - Konzentration auf einen Geschehensausschnitt,
> - Wechsel zwischen Erzählerbericht und Figurenrede (s. S. 80),
> - unvermittelter Anfang,
> - offener Schluss,
> - Nähe zur Alltagssprache,
> - Mehrdeutigkeit, d. h., der Leser/die Leserin muss sich das Wesentliche selbst erschließen.
>
> In den nach dem Zweiten Weltkrieg entstandenen deutschen Kurzgeschichten ging es zunächst vorwiegend um eine Auseinandersetzung mit Themen der Kriegs- und der unmittelbaren Nachkriegszeit.

1 *Lies die folgende Kurzgeschichte.*

Günther Weisenborn
Die Aussage (1947)

Als ich abends gegen zehn Uhr um mein Leben klopfte, lag ich auf der Pritsche und schlug mit dem Bleistiftende unter der Wolldecke an die Mauer. Jeden Augenblick flammte das Licht in der Zelle auf und der Posten blickte durch das Guckloch. Dann lag ich still.

Ich begann als Eröffnung mit gleichmäßigen Takten. Er erwiderte genauso. Die Töne waren fein und leise, wie sehr entfernt. Ich klopfte einmal – a, zweimal – b, dreimal – c. Er klopfte unregelmäßig zurück. Er verstand nicht. Ich wiederholte, er verstand nicht.

Ich wiederholte hundertmal, er verstand nicht. Ich wischte mir den Schweiß ab, um meine Verzweiflung zu bezwingen. Er klopfte Zeichen, die ich nicht verstand, ich klopfte Zeichen, die er nicht verstand.

Ratlosigkeit.

Er betonte einige Töne, denen leisere folgten. Ob es Morse war? Ich kannte nicht Morse. Das Alphabet hat 26 Buchstaben. Ich klopfte für jeden Buchstaben die Zahl, die er im Alphabet einnahm: für h achtmal, für p sechzehnmal.

Es tickten andere Takte herüber, die ich nicht begriff. Es schlug zwei Uhr. Wir mussten uns unbedingt verständigen. Ich klopfte:

. = a, .. = b, ... = c

Ganz leise und fern die Antwort:

– . – . – ..

Keine Verständigung. In der nächsten Nacht jedoch kam es plötzlich herüber, ganz leise und sicher:

., .., ...

Dann die entscheidenden Zeichen: zweiundzwanzig gleiche Klopftöne. Ich zählte mit, das musste der Buchstabe V sein. Dann fünf Töne. Es folgte ein R, das ich mit atemlos kalter Präzision auszählte. Danach ein S, ein T, ein E, ein H, ein E.

... verstehe ...

Ich lag starr und glücklich unter der Wolldecke. Wir hatten Kontakt von Hirn zu Hirn, nicht durch den Mund, sondern durch die Hand.

Unser Verstand hatte die schwere Zellenmauer des Gestapokellers überwunden. Ich war nass vor Schweiß, überwältigt vom Kontakt. Der erste Mensch hatte sich gemeldet. Ich klopfte nichts als:

... gut ...

Es war entsetzlich kalt, ich ging den Tag etwa 20 Kilometer in der Zelle auf und ab, machte im Monat 600, in neun Monaten 5 400 Kilometer, von Paris bis Moskau etwa, wartende Kilometer, fröstelnd, auf mein Schicksal wartend, das der Tod sein musste. Ich wusste es, und der Kommissar hatte gesagt, dass bei mir „der Kopf nicht dranbleiben" würde. Die zweite Aussage lag eben vor, daran war nichts zu ändern. Es war nur eine Hoffnung, wenn K. diese Aussage zurücknehmen würde. In der Nacht klopfte ich ihn an:

„Du ... musst ... deine ... Aussage ... zurücknehmen ..."
Er klopfte zurück:
„Warum?"
Ich: „Ist ... zweite ... Aussage ... gegen ... mich ... bedeutet ... Todesurteil ..."
Er: „Wusste ... ich ... nicht ..."
Ich: „Wir ... sind ... nicht ... hier ... um ... Wahrheit ... zu ... sagen ..."
Er: „Nehme ... zurück ..."
Ich: „Danke ..."
Er: „Morgen ..."
Ich: „Was ... brauchst ... du ...?"
Er: „Bleistift ..."
Ich: „Morgen ... Spaziergang ..."

Es wurde plötzlich hell. Das Auge der SS blickte herein. Ich lag still unter der Decke. Es wurde wieder dunkel. Ich hatte Tränen in den Augen. „Nehme zurück." Das werde ich nie vergessen. Es kam ganz fein und leise taktiert durch die Wand. Eine Reihe von kaum wahrnehmbaren Tönen, und

es bedeutete, dass für mich die Rettung unterwegs war. Sie bestand diese Nacht nur im Gehirn eines Todeskandidaten, drüben in Zelle acht, unsichtbar, winzig. Morgen würden es oben Worte werden, dann würde es ein unterschriebenes
75 Protokoll im Büro sein und eines Tages würde dies alles dem Gericht vorliegen.
„Dank in die Ewigkeit, K.!"
Ich brach von meinem Bleistift die lange Grafitspitze ab und trug sie während des Spaziergangs bei mir. Es gingen
80 ständig sechs Mann, immer dieselben, die ich nicht kannte, im Kreis um den engen Gestapohof.
Zurückgekehrt, standen wir auf unserem Flur zu drei Mann, weit voneinander entfernt, und warteten einige Sekunden, bis der Posten uns nachkam. Ich eilte heimlich auf Zelle
85 acht zu, riss die Klappe auf, warf die Bleistiftspitze hinein, schloss die Klappe lautlos und stellte mich eilig an meinen Platz. Ich werde nie das erstaunte Aufblicken seiner sehr blauen Augen, sein bleiches Gesicht, die Hände, die gefesselt vor ihm auf dem Tisch lagen, vergessen. Der Posten
90 kam um die Ecke. Das Herz schlug mir bis in den Hals. Wir wurden eingeschlossen.
Später klopfte es: „Danke ... habe ... Aussage ... zurückgenommen."
Ich war gerettet.
95 Vielleicht.

2 *Notiere deine ersten Leseeindrücke.*

3 *Formuliere eine Deutungshypothese.*

4 *Beschreibe in einem Satz Ort, Zeit und Atmosphäre der Geschichte.*

Umgang mit Texten

> Mit einer **Inhaltsangabe** verschafft man sich Klarheit über das erzählte Geschehen.
> In einem Interpretationsaufsatz dient die Inhaltsangabe zur einführenden Information des Lesers.
>
> Zur Erinnerung: Die Inhaltsangabe wird in einem sachlichen Berichtsstil abgefasst, Tempus ist das Präsens,
> bei Vorzeitigkeit das Perfekt. Auf wörtliche Wiedergabe und direkte Rede wird möglichst verzichtet.
> Im Einleitungssatz werden Angaben zu Autor/-in, Titel, Textart gemacht und der Inhalt/das Thema
> des Textes knapp umrissen.
> Es folgt die Wiedergabe der wesentlichen Erzähl- bzw. Handlungsschritte.

5 *Mit einer Gliederung des Textes in Sinnabschnitte kannst du dir den inhaltlichen Aufbau der Erzählung verdeutlichen und so deine Inhaltsangabe und spätere Interpretation vorbereiten.*
Gliedere Weisenborns Kurzgeschichte in Sinnabschnitte und fasse jeweils deren Inhalt in einem Satz zusammen.

Z.1–5: Ein Häftling eines Gestapogefängnisses versucht, sich heimlich durch Klopfzeichen mit einem Zellennachbarn zu verständigen, während der Wächter alle paar Minuten in die Zelle schaut.

6 *Benenne knapp den thematischen Schwerpunkt der Geschichte. Benutze einleitend Formulierungen wie:*
Die Kurzgeschichte ... handelt von ... / In der Kurzgeschichte ... geht es um ...

7 *Schreibe nun eine knappe Inhaltsangabe in dein Heft, indem du die Vorarbeiten aus den Aufgaben 5 und 6 mit einbeziehst.*

Erzählende Texte erschließen

Aspekte der Interpretation eines erzählenden Textes:
- **Thema** und zentrale **Motive**,
- **Setting**: **Ort**, **Zeit**, **Milieu**, **Atmosphäre**,
- die **Figuren**, ihre **Entwicklung** und ihre **Konstellation**,
- **Erzählform** und **Erzählerverhalten** (s. S. 73),
- **Aufbau** der **Handlung**,
- Funktion von **Anfang** und **Ende**,
- **Zeitstruktur**: Rückblenden, Vorausschau …,
- Besonderheiten der **Sprache**: Stilebene, Metaphern/Vergleiche, Wiederholungen …

8 *Für eine Interpretation ist es nützlich, sich zu den oben genannten Aspekten Fragen zum Text zu stellen und diese zu beantworten.*
Beantworte folgende Fragen zu den Figuren der Erzählung und ihrer Konstellation.
Stelle anschließend weitere Fragen zu diesem Aspekt und beantworte sie (soweit möglich).

Wodurch wird die Verständigung zwischen den Häftlingen erschwert und wie gelingt sie schließlich?

Welcher Gedanke führt zu dem Entschluss des Ich-Erzählers, K. um die Rücknahme seiner Aussage zu bitten?

9 a) *Analysiere die sprachlichen Besonderheiten der Geschichte (z. B. Satzbau, Wortwahl, Gebrauch des Konjunktivs, …).*
b) *Stelle die sprachlichen Besonderheiten in einem geschlossenen Text mit Angabe der Textbelege dar und berücksichtige deren Wirkung. Arbeite im Heft.*

10 *Begründe anhand der auf S. 76 genannten Kriterien, inwiefern Weisenborns Erzählung Merkmale einer Kurzgeschichte aufweist. Arbeite im Heft.*

11 *Analysiere die vom Autor gewählte Erzählweise (vgl. S. 73). Beschreibe ihre Wirkung.*

Umgang mit Texten

Merkmale des Erzählens
Oft bietet ein Erzähler das Geschehen in unterschiedlicher Weise dar.
Er kann vorwiegend berichten (**Erzählerbericht**), aber auch in **direkte** oder **indirekte** Rede übergehen.

Wird der **innere Monolog** verwendet, gibt der Erzähler einen Bewusstseinsstrom in der Ich-Form im Präsens wieder; in der **erlebten Rede** wird ein Bewusstseinsstrom in der Er-/Sie-Form, meist im Präteritum, zur Sprache gebracht.

Der Erzähler kann eigene Kommentare oder Reflexionen zum Erzählten einfügen (vergleiche die Erläuterungen zum Erzählverhalten auf S. 73). Er kann sich auch auf die Wiedergabe von Dialogen beschränken. Dann spricht man von **szenischem Erzählen**.

12 *Prüfe, inwieweit Günther Weisenborn in seiner Kurzgeschichte verschiedene Merkmale des Erzählens verwendet. Schreibe zu verschiedenen Merkmalen jeweils eine Textstelle auf.*

Erzählerbericht:

13 *Welche Funktion hat der Schluss der Geschichte?*

14 *Verfasse eine zusammenhängende **Interpretation** der Kurzgeschichte.*

Zur Erinnerung:
Die **Einleitung** enthält eine knappe Inhaltsangabe (s. S. 78) und eine erste Deutungshypothese.
Im **Hauptteil** stellst du die Ergebnisse deiner Textanalyse dar. Achte darauf, deine Aussagen am Text zu belegen.
Im **Schlussteil** formulierst du eine kurze Stellungnahme oder einen weiterführenden Gedanken zum interpretierten Text.

Gedichte erschließen

> Gedichte beschäftigen sich mit vielfältigen Themen und Fragestellungen. Die Auseinandersetzung mit der Natur, mit der Liebe, mit Politik, Religion und Gesellschaft oder auch dem persönlichen Schicksal des Dichters sind Inhalte, die sich in Gedichten aller Epochen finden lassen.
>
> Dabei zeigen Gedichte in besonderem Maße, dass Menschen ihre Lebenswelt „symbolisch" wahrnehmen: Das Wahrgenommene wird nicht nur neutral registriert, es ist immer auch Spiegel für Gedanken, Gefühle, Stimmungen. Oft weist das im Gedicht Gesagte über sich hinaus und will auf etwas Allgemeineres aufmerksam machen. Deshalb versteht man Gedichte oft besser, wenn man sie interpretiert (lat. deuten, auslegen).
>
> Dies verlangt vom Interpreten zunächst, unabhängig von Beobachtungen zur Form des Gedichts,
> - die im Gedicht entwickelten **Gedanken nachzuvollziehen**,
> - den **gedanklichen Gehalt von Bildern, Szenen, Aussagen, Beobachtungen zu erklären**.
> - Oft bietet es sich an, über die im Gedicht **aufgeworfenen Fragen** eigenständig und weiterführend vor dem Hintergrund des Gedichts **nachzudenken**.

1 Lies das folgende Gedicht mehrmals – wenn möglich, laut. Georg Heym

Berlin (1911)

Schornsteine stehn in großem Zwischenraum

Im Wintertag, und tragen seine Last,
Des schwarzen Himmels dunkelnden Palast.
Wie goldne Stufen brennt sein niedrer Saum.

Fern zwischen kahlen Bäumen, manchem Haus,
5 Zäune und Schuppen, wo die Weltstadt ebbt,
Und auf vereisten Schienen mühsam schleppt
Ein langer Güterzug sich schwer hinaus.

Ein Armenkirchhof ragt, schwarz, Stein an Stein,
Die Toten schaun den roten Untergang
10 Aus ihrem Loch. Er schmeckt wie starker Wein.

Sie sitzen strickend an der Wand entlang,
Mützen aus Ruß dem nackten Schläfenbein[1],
Zur Marseillaise[2], dem alten Sturmgesang.

[1] **Schläfenbein:** Schläfe: Seite der Stirn, Stelle, auf der der/die Schlafende ruht. Bein: ältere Bezeichnung für Knochen
[2] **Marseillaise:** erstmalig während der Französischen Revolution am 30. Juli 1792 von einem Freiwilligenbataillon beim Einzug in Paris gesungenes Revolutions- und Freiheitslied

Georg Heym (1887–1912) gilt neben Georg Trakl als bedeutendster Lyriker des Frühexpressionismus. Bevorzugtes Thema seiner Lyrik, von der zu Lebzeiten Heyms nur ein Band, „Der ewige Tag" (1911), erschien, war die Großstadt. Heym ertrank, erst 24-jährig, beim Schlittschuhlaufen auf der Havel.

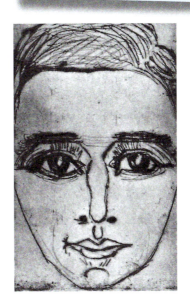

2 Mache dir Notizen zu deinem ersten Leseeindruck.

Beim Lesen des Gedichtes entsteht bei mir der Eindruck

3 Formuliere eine Deutungshypothese. Arbeite im Heft.

Umgang mit Texten

4 *Mit Hilfe welcher Szenen entwickelt der Dichter sein Thema?*

- rauchende Industrieschornsteine,

5 *Georg Heyms Gedicht besitzt eine starke bildliche Ausdruckskraft.*
   a) Versuche, die Szenen des Gedichts mit Farbstiften skizzenhaft umzusetzen.
   b) Notiere neben jeder Skizze jeweils die Textstellen, die dir Hinweise für deine bildhafte Umsetzung gegeben haben.
      Kennzeichne in deiner Zusammenstellung die Textstellen, die nur im übertragenen Sinne Auskunft für die Bild-
      gestaltung geben.

Gedichte erschließen

6 Beschreibe die Stimmung des Gedichts, indem du auf die sprachlichen Besonderheiten (Wortwahl/sprachliche Bilder) eingehst.

7 Was trägt die Stimmung zur Aussage des Gedichts bei?

8 Erläutere, wie du den Satz „Er schmeckt wie starker Wein" (Vers 11) verstehst.

9 Das Werk des Dichters Georg Heym wird dem Expressionismus (ca. 1905–1925) zugerechnet. In dieser Zeit reagierten viele Dichter mit ihren Texten auf die zunehmende Entfremdung des Menschen, deren Ursachen sie in der wachsenden Vereinnahmung des Lebens durch Industrie und Technik sahen.
Erläutere, wie Georg Heym in seinem Gedicht auf seine Zeit eingeht. Was will er möglicherweise erreichen?

10 Ist Heyms Gedicht am Beginn des 21. Jahrhunderts immer noch zeitgemäß?
Notiere deine Überlegungen im Heft.

83

Umgang mit Texten

> **Der formale Aufbau: Sonett**
>
> Gedichte unterstützen meist ihre inhaltlichen Aussagen durch ihre Form.
> Der Dichter hat immer die Möglichkeit, entweder auf traditionelle Gedichtformen zurückzugreifen oder für den jeweiligen Gegenstand eine individuelle Form zu entwickeln.
>
> Eine traditionelle Gedichtform ist das **Sonett**. Es folgt strengen Regeln, die es zu einem äußerst kunstvollen Gebilde machen:
> - Das Sonett besteht aus zwei **Quartetten** (Strophen à vier Versen) und zwei **Terzetten** (Strophen à drei Versen).
> - Das typische **Reimschema** lautet: *abba, cddc, efe, fef.* (Varianten sind möglich.)
> - Das **Metrum** ist häufig ein fünfhebiger Jambus.
> - Es ist meist im **Zeilenstil** verfasst (Vers- und Satzenden fallen zusammen).
> - Die Terzette enthalten oft ein **Fazit** oder eine **Pointe**.
>
> Das Sonett stammt aus dem **Italien** des 14. Jahrhunderts (Dante, Petrarca) und hatte seine Blütezeit in Deutschland im 17. Jahrhundert, zur Zeit des **Barock** (Opitz, Gryphius).

1 *Georg Heyms Gedicht „Berlin" ist ein Sonett. Zeichne den gedanklichen Aufbau des Gedichts nach, indem du jeweils in Stichworten das Thema der beiden Quartette und Terzette angibst.*

Quartette:

Terzette:

2 *Zeichne im Gedicht auf S. 81 ein, wie die Quartette und Terzette gedanklich miteinander verzahnt sind (z. B. mit Hilfe von Pfeilen).*

3 *Worin siehst du die gedankliche Zuspitzung des Sonetts, d. h. seine Pointe? Formuliere deine Überlegungen im Heft.*

4 *Das Sonett ist eine traditionelle Gedichtform. Der Expressionismus jedoch ist eine sehr moderne Kunstrichtung, die Autoren setzen sich mit Themen ihrer Zeit auseinander. Welche Wirkung erzielt die traditionelle Form des Gedichts im Kontrast zu seinem zeitgenössischen Thema? Beschreibe die Funktion der Form in deinem Heft.*

5 *Verfasse nun einen zusammenhängenden Interpretationsaufsatz zu Heyms Gedicht. Arbeite im Heft.*

> In der **Einleitung** nennst du Autor und Titel des untersuchten Gedichts, gibst eine kurze Antwort auf die Frage „Worum geht es in dem Gedicht?" und fasst dessen Inhalt in wenigen Sätzen zusammen.
> Im **Hauptteil** stellst du deine Analyseergebnisse zu ausgewählten Aspekten des Gedichts (z. B. Thema, Metaphern, gedanklicher Gehalt, Form, Wirkungsabsicht) in einem zusammenhängenden Gedankengang dar.
> Der **Schlussteil** kann eine Wertung oder einen kurzen Vergleich mit einem anderen Text/Gedicht enthalten.
> Überarbeite deinen Aufsatz. Nutze dabei die Übersicht zur Textüberarbeitung auf S. 60.

Die sprachliche Gestaltung
Viele **moderne Gedichte** entsprechen nicht mehr den Vorstellungen von festem Reimschema oder klarer Strophengliederung. Oft sind sie in **freien Versen** (Versen ohne durchgehendes Metrum) verfasst und heben z. B. den traditionellen Zeichenstil (Versende = Satzende) durch **Enjambements** (Zeilensprünge) auf. Bei der **Formanalyse** finden sich dennoch zahlreiche Aspekte, die untersucht werden können, um mehr über die **Aussage/Wirkungsabsicht** des Gedichts herauszufinden:
- **Stilmittel**: Metapher, Personifikation, Vergleich, Anapher, Lautmalerei …
- **Wortwahl**: Wortfelder, häufige Wortarten, Schlüsselwörter, Alltagssprache oder hoher Sprachstil …
- **Satzbau**: Satzarten, Arten gedanklicher Verknüpfungen (Kausalsätze u. Ä.), Inversion, Ellipse, Parallelismus …
- **Stimmung und Ton** des Gedichtes: bedrückt, desillusioniert, heiter, pathetisch, ironisch …

1 *Lies das Gedicht von Jakob van Hoddis mehrmals sorgfältig durch.*

Jakob van Hoddis (1887–1942)
Morgens (1914)

Ein starker Wind sprang empor.

Öffnet des eisernen Himmels blutende Tore.

Schlägt an die Türme.

Hell klingend laut geschmeidig über die eherne Ebene der Stadt.

5 Die Morgensonne rußig. Auf Dämmen donnern Züge.

Durch Wolken pflügen goldne Engelpflüge.

Starker Wind über der bleichen Stadt.

Dampfer und Kräne erwachen am schmutzig fließenden Strom.

Verdrossen klopfen die Glocken am verwitterten Dom.

10 Viele Weiber siehst du und Mädchen zur Arbeit gehen.

Im bleichen Licht. Wild von der Nacht. Ihre Röcke wehn.

Glieder zur Liebe geschaffen.

Hin zur Maschine und mürrischem Mühn.

Sieh in das zärtliche Licht.

15 In der Bäume zärtliches Grün.

Horch! Die Spatzen schrein.

Und draußen auf wilderen Feldern

Singen Lerchen.

2 *Notiere deinen ersten Leseeindruck.*

Umgang mit Texten

3 a) Prüfe zunächst anhand deiner Vorkenntnisse, inwiefern das Gedicht sprachliche Auffälligkeiten (z. B. rhetorische Figuren) aufweist. Markiere solche Auffälligkeiten, indem du verschiedenfarbige Stifte und unterschiedliche Zeichen verwendest. Erläutere deine Zeichen am Rand (z. B. ⬭ = Metapher, ▭ = Alliteration).

b) Ergänze deine Textbearbeitung anhand der Übersicht zu rhetorischen Figuren auf S. 68. Notiere mit Textbeleg, welche rhetorischen Figuren du gefunden hast.

4 Beschreibe den Aufbau des Gedichts, indem du dich auf Versmaß, Reimstruktur und inhaltlichen Aufbau (Sinnabschnitte) beziehst.

5 Wie passen die formalen Besonderheiten, die du in den Aufgaben 3 und 4 festgestellt hast, zum Inhalt des Gedichts? Erläutere die Funktion der Besonderheiten im Hinblick auf die Aussage des Gedichts.

6 Verfasse zu van Hoddis' Gedicht einen Interpretationsaufsatz (vgl. S. 84, Aufgabe 5).
Berücksichtige dabei, dass dieser Text zur gleichen Zeit geschrieben wurde wie das Sonett von Georg Heym (S. 81) und daher auf ähnliche literatur- und zeitgeschichtliche Hintergründe reagiert. Arbeite im Heft.

Umgang mit Texten

Dramenszenen erschließen

Drama bezeichnet neben Epik und Lyrik die dritte **literarische Grundform**. Die Handlung des Dramas erschließt sich aus **Dialogen** (Rede und Gegenrede der Figuren), manchmal wird auch die Form des **Monologs** (Selbstgespräch einer Figur) verwendet. In der Regel ist das Drama für eine Theateraufführung vorgesehen. Neben dem Sprechtext sind daher auch immer die **Regieanweisungen** von Bedeutung.

Die Dramenhandlung wird in größere Abschnitte gegliedert, die als **Akt** oder **Aufzug** bezeichnet werden, kleinere Gliederungseinheiten heißen **Szene**, **Auftritt** oder **Bild**. Das moderne Drama gliedert sich überwiegend in einzelne Bilder, die oft durch einen **Prolog** (Vorspiel) eingeleitet werden; ein **Epilog** (Nachspiel) bildet mitunter den Abschluss.

Dem **Prolog** (griech. *prologos*: Vorrede) können unterschiedliche Funktionen zukommen: Er dient als Begrüßung des Publikums, gibt dem Dichter Gelegenheit, für sein Stück zu werben, versucht, Zensoren und Kritiker milde zu stimmen, oder gibt Informationen über den Inhalt des Stückes und darüber, welche Effekte erzielt werden sollen; manchmal liefert er sogar Deutungsansätze. Ein Prolog kann aus einem einfachen Vorspruch bestehen, der meist von einer Figur des Werkes gesprochen wird, er kann dialogisch ausgestaltet sein oder als abgeschlossene Szene zur eigentlichen Dramenhandlung überleiten.

1 *Lies den folgenden Prolog. Markiere, was dir im Text auffällt, und mache dir im Heft Stichworte zu deinen ersten Eindrücken.*

Bertolt Brecht

Herr Puntila und sein Knecht Matti
Prolog
Gesprochen von der Darstellerin des Kuhmädchens.

Geehrtes Publikum, der Kampf ist hart
Doch lichtet sich bereits die Gegenwart.
Nur ist nicht überm Berg, wer noch nicht lacht
Drum haben wir ein komisches Spiel gemacht.
5 Und wiegen wir den Spaß, geehrtes Haus
Nicht mit der Apothekerwaage aus
Mehr zentnerweise, wie Kartoffeln, und zum Teil
Hantieren wir ein wenig mit dem Beil.
Wir zeigen nämlich heute abend hier
10 Euch ein gewisses vorzeitliches Tier
Estatium possessor, auf deutsch Gutsbesitzer genannt
Welches Tier, als sehr verfressen und ganz
  unnützlich bekannt
Wo es noch existiert und sich hartnäckig hält
15 Eine arge Landplage darstellt.
Sie sehn dies Tier, sich ungeniert bewegend
In einer würdigen und schönen Gegend.
Wenn sie aus den Kulissen nicht erwächst
Erfüllt ihr sie vielleicht aus unserm Text:
20 Milchkesselklirrn im finnischen Birkendom
Nachtloser Sommer über mildem Strom
Rötliche Dörfer, mit den Hähnen wach
Und früher Rauch steigt grau vom Schindeldach.
Dies alles, hoffen wir, ist bei uns da
25 In unserem Spiel vom Herrn auf Puntila.

2 *Schreibe auf, welche Informationen zur Hauptfigur, zum Thema und zur Wirkungsabsicht des Dramas du dem Prolog entnehmen kannst.*

Umgang mit Texten

Episches Theater
Bereits in den 20er-Jahren des 20. Jahrhunderts begann Bertolt Brecht, mit unterschiedlichen Möglichkeiten des Theaters zu experimentieren. Seine Vorstellung vom epischen Theater erwuchs aus der Suche nach angemessenen Darstellungsformen für die von Krieg und sozialer Ungerechtigkeit geprägte historische Wirklichkeit.

Für Brecht sollte das Theater zu einer Stätte werden, die zwar **Unterhaltung** bietet, aber vor allem dem Zuschauer das **Lernen** ermöglicht. In seinen Stücken will Brecht aufzeigen, dass der einzelne **Mensch durch gesellschaftliche Verhältnisse bestimmt** wird, diese aber **veränderbar** sind und sich auf Grund des veränderten Gesellschaftszustandes auch der Mensch verändern kann.

In Brechts Theater soll der Zuschauer **nicht** nur mit den Figuren **mitempfinden**, sondern die dargestellten Verhältnisse distanziert wahrnehmen und **mit kritischem Verstand prüfen**.

Bertolt Brecht (1898–1956), auch als Lyriker bekannt, gehört zu den bedeutendsten Dramenschriftstellern des deutschsprachigen Theaters des 20. Jahrhunderts. In seinen Stücken versucht er, seine aus dem Marxismus gewonnenen Erkenntnisse umzusetzen und das Publikum zum Kampf gegen ungerechte Herrschaftsformen herauszufordern. Das Theater soll damit zu gesellschaftlichen Veränderungen beitragen.

Mit auslösend für Brechts Engagement waren seine Erfahrungen als Sanitätssoldat im Ersten Weltkrieg und seine Wahrnehmung der sozialen Not, insbesondere bei der Industriearbeiterschaft zur Zeit der Weimarer Republik.

1. *Informiere dich, z. B. in einem Literaturlexikon, noch genauer über den Begriff des epischen Theaters.*

2. *Ergänze folgende Forderungen Brechts im Zusammenhang mit seiner Theaterkonzeption. Benutze dabei die angebotenen Stichworte:*

- Verfremdungseffekt
- Distanz zur dargestellten Rolle zeigen
- in ungewohnte Zusammenhänge stellen
- etwas Veränderliches erkennen
- sich mit Mitteln der Vernunft mit der dargestellten Wirklichkeit auseinandersetzen
- dramaturgische und sprachliche Mittel
- Distanz zwischen Spiel und Zuschauer schaffen
- Einfühlung verhindern
- den Blick vom „Was" auf das „Wie" der Darstellung lenken

Der Zuschauer soll nicht in das Spiel auf der Bühne hineingezogen werden. Es geht Brecht darum,

Dramenszenen erschließen

Statt wie im traditionellen Theater mitzufühlen, soll der Zuschauer

Er soll im Bühnengeschehen nicht etwas Schicksalhaftes sehen, sondern

Die kritisch-distanzierte Haltung der Zuschauer/-innen will Brecht durch verschiedene

Kunstgriffe erreichen. Wichtig ist in diesem Zusammenhang der

Brechts Technik der Verfremdung zeigt sich in

Oft werden Figuren stark typisiert und nicht psychologisch realistisch angelegt, um

So treten die Schauspieler manchmal aus ihrer Rolle heraus, um

Bestimmte Wörter (z. B. „Mensch") werden umgedeutet, bekannte Redewendungen

Durch Vorwegnahmen zum Gang des Geschehens wird die Aufmerksamkeit von der Spannung

auf den Ausgang abgelenkt. Brecht will

3 a) Prüfe, inwiefern der Prolog zu dem Stück „Herr Puntila und sein Knecht Matti" Brechts Theaterkonzeption aufgreift.

b) Fasse in einem Satz zusammen, welche Funktion der von der Darstellerin des Kuhmädchens gesprochene Prolog für das Stück hat.

Umgang mit Texten

> **Die Exposition: Inhalt/Aufbau klären**
> Der erste Akt/das erste Bild eines Dramas übernimmt meist die Funktion einer **Exposition** (lat. expositio: Darlegung). Hier werden die **Hauptfiguren** vorgestellt, es wird in **Ort**, **Zeit und Atmosphäre** des Stückes eingeführt und meist bahnt sich hier bereits der **zentrale Konflikt** an, der die Handlung vorantreibt.

1 *Lies den folgenden Szenenausschnitt.*

Bild 1

Puntila findet einen Menschen

Nebenstube im Parkhotel von Tavasthus[1]. Der Gutsbesitzer Puntila, der Richter und der Ober. Der Richter fällt betrunken vom Stuhl.
[...]
PUNTILA *zum Ober*: Was für ein Tag ist heut?
DER OBER: Samstag, Herr Puntila.
PUNTILA: Das erstaunt mich. Es soll Freitag sein.
5 DER OBER: Entschuldigens, aber es ist Samstag.
PUNTILA: Du widersprichst ja. Du bist mir ein schöner Ober. Willst deine Gäst hinausärgern und wirst grob zu ihnen. Ober, ich bestell einen weiteren Aquavit[2], hör gut zu, daß du nicht wieder alles verwechselst, einen Aquavit und ei-
10 nen Freitag. Hast du mich verstanden?
Der Ober: Jawohl, Herr Puntila. *Er läuft weg.*
PUNTILA *zum Richter*: Wach auf, Schwächling! Laß mich nicht so allein! Vor ein paar Flaschen Aquavit kapitulieren! Warum, du hast kaum hingerochen. Ins Boot hast du dich
15 verkrochen, wenn ich dich über Aquavit hingerudert hab, nicht hinaus hast du dich schaun trauen übern Bootsrand, schäm dich. Schau, ich steig hinaus auf die Flüssigkeit – *er spielt es vor* – und wandle auf dem Aquavit[3], und geh ich unter? *Er sieht Matti, seinen Chauffeur, der seit einiger Zeit un-*
20 *ter der Tür steht.* Wer bist du?
MATTI: Ich bin Ihr Chauffeur, Herr Puntila.
PUNTILA *mißtrauisch*: Was bist du? Sag's noch einmal.
MATTI: Ich bin Ihr Chauffeur.
PUNTILA: Das kann jeder sagen. Ich kenn dich nicht.
25 MATTI: Vielleicht haben Sie mich nie richtig angesehen, ich bin erst fünf Wochen bei Ihnen.
PUNTILA: Und wo kommst du jetzt her?
MATTI: Von draußen. Ich wart seit zwei Tagen im Wagen.
PUNTILA: In welchem Wagen?
30 MATTI: In Ihrem. In dem Studebaker[4].
PUNTILA: Das kommt mir komisch vor. Kannst du's beweisen?
MATTI: Und ich habe nicht vor, länger auf Sie draußen zu warten, daß Sie's wissen. Ich hab's bis hierher. So könnens
35 einen Menschen nicht behandeln.

---

[1] **Tavasthus:** eine Stadt im Südwesten Finnlands
[2] **Aquavit:** lat. aqua vitae (Lebenswasser): mit Kümmel gewürzter farbloser Branntwein
[3] **wandle** auf dem Aquavit: vgl. Matthäus 14, 15–33. Anspielung auf Jesu Wandeln über das Meer, hiermit sollen der Glaube und das Vertrauen der Jünger gestärkt werden.
[4] **Studebaker:** Automarke

> Das Drama „Herr Puntila und sein Knecht Matti" entstand 1940 und wurde im Jahre 1948 in Zürich uraufgeführt.
> Der Gutsbesitzer Puntila verhält sich menschlich, wenn er gerade stockbetrunken ist, denn dann vergisst er seine eigenen Interessen. In solchen „Ausnahmezuständen" verlobt er sich mit vier verschiedenen Frauen, wirbt neue Arbeiter an, wirft den Attaché, dem er seine Tochter Eva versprochen hatte, aus dem Haus und rät ihr, seinen eigenen Chauffeur Matti zu heiraten. Ist er aber nüchtern, macht er alles wieder rückgängig. Im ersten Bild des Stückes werden die beiden Hauptfiguren eingeführt.

PUNTILA: Was heißt: einen Menschen? Bist du ein Mensch? Vorhin hast du gesagt, du bist ein Chauffeur. Gelt, jetzt hab ich dich auf einem Widerspruch ertappt! Gib's zu!
MATTI: Das werdens gleich merken, daß ich ein Mensch bin, Herr Puntila. Indem ich mich nicht behandeln laß wie ein 40 Stück Vieh und auf der Straß auf Sie wart, ob Sie so gnädig sind, herauszukommen.
PUNTILA: Vorhin hast du behauptet, daß du dir's nicht gefallen lasst.
MATTI: Sehr richtig. Zahlens mich aus, 175 Mark, und das 45 Zeugnis hol ich mir auf Puntila.
PUNTILA: Deine Stimm kenn ich. *Er geht um ihn herum, ihn wie ein fremdes Tier betrachtend*. Deine Stimm klingt ganz menschlich. Setz dich und nimm einen Aquavit, wir müssen uns kennenlernen. 50
DER OBER *herein mit einer Flasche*: Ihr Aquavit, Herr Puntila, und heut ist Freitag.
PUNTILA: Es ist recht. *Auf Matti zeigend*. Das ist ein Freund von mir.
DER OBER: Ja, Ihr Chauffeur, Herr Puntila. 55
PUNTILA: So, du bist Chauffeur? Ich hab immer gesagt, auf der Reis' trifft man die interessantesten Menschen. Schenk ein!
MATTI: Ich möcht wissen, was Sie jetzt wieder vorhaben. Ich weiß nicht, ob ich Ihren Aquavit trinke. 60
PUNTILA: Du bist ein mißtrauischer Mensch, seh ich. Das versteh ich. Mit fremden Leuten soll man sich nicht an einen Tisch setzen. Warum, wenn man dann einschläft, möchtens einen ausrauben. Ich bin der Gutsbesitzer Puntila aus Lammi[5] und ein ehrlicher Mensch, ich hab 90 Kühe. 65
Mit mir kannst du ruhig trinken, Bruder.
MATTI: Schön. Ich bin der Matti Altonen und freu mich, Ihre Bekanntschaft zu machen. *Er trinkt ihm zu.*

---

[5] **Lammi:** Ortschaft in der Nähe der Stadt Tavasthus

PUNTILA: Ich hab ein gutes Herz, da bin ich froh darüber. Ich hab einmal einen Hirschkäfer von der Straß auf die Seit in den Wald getragen, daß er nicht überfahren wird, das ist ja schon übertrieben bei mir. Ich hab ihn auf einen Stecken aufkriechen lassen. Du hast auch ein so gutes Herz, das seh ich dir an. Ich kann nicht leiden, wenn einer „ich" mit einem großen I schreibt. Das soll man mit einem Ochsenziemer austreiben. Es gibt schon solche Großbauern, die dem Gesinde das Essen vom Maul abzwacken. Ich möcht am liebsten meinen Leuten nur Braten geben. Es sind auch Menschen und wollen ein gutes Stückel essen, genau wie ich, sollen sie! Das meinst du doch auch?

MATTI: Unbedingt.

PUNTILA: Hab ich dich wirklich draußen sitzen lassen? Das ist mir nicht recht, das nehm ich mir sehr übel, und ich bitt dich, wenn ich das noch einmal mach, nimm den Schraubenschlüssel und gib mir eine über den Deetz[6]! Matti, bist du mein Freund?

MATTI: Nein.

PUNTILA: Ich dank dir. Ich wußte es. Matti, sieh mich! Was siehst du?

MATTI: Ich möcht sagen: einen dicken Kloben, stinkbesoffen.

PUNTILA: Da sieht man, wie das Aussehen täuschen kann. Ich bin ganz anders. Matti, ich bin ein kranker Mann.

MATTI: Ein sehr kranker.

PUNTILA: Das freut mich. Das sieht nicht jeder. Wenn du mich so siehst, könntest du's nicht ahnen. *Düster, Matti scharf anblickend:* Ich hab Anfälle.

MATTI: Das sagen Sie nicht.

PUNTILA: Du, das ist nichts zum Lachen. Es kommt über mich mindestens einmal im Quartal[7]. Ich wach auf und bin plötzlich sternhagelnüchtern. Was sagst du dazu?

MATTI: Bekommen Sie diese Anfälle von Nüchternheit regelmäßig?

PUNTILA: Regelmäßig. Es ist so: die ganze andere Zeit bin ich vollkommen normal, so wie du mich jetzt siehst. Ich bin im vollen Besitz meiner Geisteskräfte, ich bin Herr meiner Sinne. Dann kommt der Anfall. Es beginnt damit, daß mit meinen Augen irgend etwas nicht mehr stimmt. Anstatt zwei Gabeln – *er hebt eine Gabel hoch* – sehe ich nur noch eine.

MATTI *entsetzt*: Da sind Sie also halbblind?

PUNTILA: Ich seh nur die Hälfte von der ganzen Welt. Aber es kommt noch böser, indem ich während dieser Anfälle von totaler, sinnloser Nüchternheit einfach zum Tier herabsinke. Ich habe dann überhaupt keine Hemmungen mehr. Was ich in diesem Zustand tue, Bruder, das kann man mir überhaupt nicht anrechnen. Nicht, wenn man ein Herz im Leibe hat und sich immer sagt, daß ich krank bin. *Mit Entsetzen in der Stimme:* Ich bin dann direkt zurechnungsfähig. Weißt du, was das bedeutet, Bruder, zurechnungsfähig? Ein zurechnungsfähiger Mensch ist ein Mensch, dem man alles zutrauen kann. Er ist zum Beispiel nicht mehr imstande, das Wohl seines Kindes im Auge zu behalten, er hat keinen Sinn für Freundschaft mehr, er ist bereit, über seine eigene Leiche zu gehen. Das ist, weil er eben zurechnungsfähig ist, wie es die Advokaten nennen.

MATTI: Tun Sie denn nichts gegen diese Anfälle?

PUNTILA: Bruder, ich tue dagegen, was ich überhaupt tun kann. Was überhaupt nur menschenmöglich ist! *Er ergreift sein Glas.* Hier, das ist meine einzige Medizin. Ich schlucke sie hinunter, ohne mit der Wimper zu zucken, und nicht nur kinderlöffelweise, das kannst du mir glauben. Wenn ich etwas von mir sagen kann, so ist es, daß ich gegen diese Anfälle von sinnloser Nüchternheit ankämpfe wie ein Mann. Aber was hilft es? Sie überwinden mich immer wieder. Nimm meine Rücksichtslosigkeit gegen dich, einen solchen Prachtmenschen! Da, nimm, da ist Rindsrücken. Ich möcht wissen, was für einem Zufall ich dich verdank. Wie bist du denn zu mir gekommen?

MATTI: Indem ich meine vorige Stelle ohne Schuld verloren hab. [...]

---

[6] **Deetz:** Kopf
[7] **Quartal:** Viertel eines Geschäftsjahres. Anspielung auf die scherzhafte Bezeichnung „Quartalssäufer" (jemand, der sich zu bestimmten Zeiten sinnlos betrinkt)

Umgang mit Texten

2 *Halte deinen ersten Leseeindruck fest.*

3 *Inwiefern knüpft die Exposition des Dramas an den Prolog an?*

Inhalt und Aufbau der Szene

Bei der Erschließung von Inhalt und Aufbau einer Dramenszene helfen folgende **Leitfragen**:
- Wovon handelt die Szene?
- Was sind wichtige Abschnitte (Handlungsschritte)?
- Was ist das Thema?

---

4 *Gliedere den Text in Sinnabschnitte. Notiere Zeilenangaben und kurze Inhaltszusammenfassungen der Abschnitte im Heft.*

Z.1–19 Puntila will das Saufgelage fortsetzen und empfindet die Unfähigkeit des Richters

als Verrat.

Z.19–...

5 *Was bringt der Titel des 1. Bildes zum Ausdruck?*

6 *Versuche, das Thema des auf S. 90–91 wiedergegebenen Auszugs aus der Exposition in einem Satz zu formulieren.*

Dramenszenen erschließen

Die Figurenkonstellation untersuchen
Die Figuren in Brechts Theaterstücken werden meist als Typen einer bestimmten historischen Zeit und Klassenzugehörigkeit gezeigt. Dabei soll für den Zuschauer deutlich werden, dass sie stets auf Grund bestimmter gesellschaftlicher Bedingungen agieren, sich aber unter anderen Bedingungen auch anders verhalten könnten.

Folgende Fragen helfen bei der **Charakterisierung der Figuren** und beim **Erschließen der Figurenkonstellation**:
- Welche **soziale Stellung** haben die Figuren?
- Welche **Gedanken und Motive** der Figuren werden deutlich?
- Welche **typischen Verhaltensweisen** zeigen die Figuren und was drücken diese aus?
- Welche kennzeichnenden Auffälligkeiten hat die **Sprache** der Figuren?

1 *Unterstreiche Textstellen, in denen sich Puntila über sich selbst äußert.*

2 *Halte fest, wie Puntila mit Menschen in untergeordneter Stellung umgeht.*

_____

_____

3 *Verfasse ein Rollenprofil des Puntila. Rollenprofile sind Selbstdarstellungen der Figuren in der Ich-Form. Sie dienen dazu, eine möglichst differenzierte und lebendige Vorstellung von ihnen zu gewinnen.*

93

Umgang mit Texten

4 *Puntila hat eine gespaltene Persönlichkeit. Stelle die beiden Seiten gegenüber:*

in nüchternem Zustand	Puntila	in betrunkenem Zustand
		– gesteht seinen Arbeitern menschliche Bedürfnisse zu (Z. 77 ff.)

5 *Charakterisiere das Verhältnis zwischen Puntila und Matti (Herr-Diener-Beziehung), indem du auf den Kontrast des Verhaltens beider eingehst.*

6 *Untersuche die Sprache des Herrn Puntila. Stelle sprachliche Auffälligkeiten zusammen und erläutere ihre Wirkung.*

„sternhagelnüchtern" (statt „sternhagelvoll")

Dramenszenen erschließen

> **Die Wirkungsabsicht erschließen**
> Welche **Bedeutung hat die Szene für die Wirkungsabsicht des Dramas**:
> - In welcher Weise wird das Thema des Dramas in der Szene entfaltet?
> - Welche Bedeutung hat die Szene für die Ausgestaltung des Charakters der Hauptfigur?
> - Welche Wirkung erzielt die Szene im Zusammenhang des Dramas?

1 *Benenne ergänzend zu Aufgabe 6 auf S. 94 Verfremdungseffekte in der Exposition und erläutere deren Wirkung. Greife dabei auf deine Ergebnisse zu Aufgabe 2 auf S. 88/89 zurück.*

2 *Schreibe eine zusammenfassende Einschätzung zur Wirkungsabsicht, mit der Brecht Puntila als gespaltene Figur anlegt, die sich nüchtern „halb blind" und erst betrunken sehend fühlt.*

3 *Schreibe nun – auf der Grundlage des bisher Erarbeiteten – eine zusammenhängende Analyse des Szenenausschnitts in dein Heft. Überarbeite deinen Text. Nutze dabei die Übersicht auf S. 60.*

> **Zur Erinnerung:**
> In der **Einleitung** zur Analyse einer Dramenszene informiert man den Leser über die Stellung der Szene im Handlungsverlauf und über den Inhalt der Szene.
> Im **Hauptteil** folgt eine genauere Untersuchung des Szenenausschnitts anhand ausgewählter Aspekte (wie Figuren und deren Konstellation, Sprache, Wirkungsabsicht).
> Im **Schlussteil** kann man kurz auf einen weiterführenden Aspekt eingehen, wie z. B. den Vergleich mit einem anderen Drama. Tempus der Analyse ist das Präsens.

Autoren- und Quellenverzeichnis

S. 9: Auch bei Klassenarbeiten trinken. Aus: Aachener Zeitung, 5.1. 2000; **S. 75:** „Aus der Perspektive ..." Aus: Harenbergs Lexikon der Weltliteratur, Band 3. Harenberg Kommunikation Verlags- und Medien-GmbH & Co. KG, Dortmund 1995, S. 1535 f.; **S. 87, 90 f.:** BRECHT, BERTOLT: Herr Puntila und sein Knecht Matti. Aus: Gesammelte Werke, Band 4. Suhrkamp Verlag, Frankfurt/M. 1967, S. 1611–1616; **S. 73:** CERVANTES SAAVEDRA, MIGUEL DE: Leben und Taten des scharfsinnigen Edlen Don Quixote von La Mancha. Aus: Leben und Taten des scharfsinnigen Edlen Don Quixote von La Mancha. Erster Teil. Deutsch von Ludwig Tieck. Rütten & Loening, Berlin 1986, S. 15 f.; **S. 73:** „Don Quixote, Ritter von der traurigen Gestalt ..." Aus: Der Große Brockhaus in einem Band. Bibliographisches Institut & F. A. Brockhaus AG, Mannheim 2005; **S. 59:** Einer der alten griechischen Philosophen ... Aus: Jostein Gaarder: Sofies Welt. Hanser Verlag, München 1993, S. 21; **S. 74:** „Emma Bovary, geborene Rouault, ..." Aus: Harenbergs Lexikon der Weltliteratur, Band 3. Harenberg Kommunikation Verlags- und Medien-GmbH & Co. KG, Dortmund 1995, S. 1859; **S. 59:** ENDE, MICHAEL: Bastian wurde sich bewusst ... Aus: Die unendliche Geschichte. K. Thienemanns Verlag, Stuttgart/Wien 1979; **S. 74:** FLAUBERT, GUSTAVE: Madame Bovary. Übersetzt von Wolfgang Techtmeier. Aus: Gesammelte Werke in Einzelbänden. Hg. v. Christa Bevernis. Rütten & Loening, Berlin 1971; **S. 37:** GRIMM, JACOB UND WILHELM: Der Froschkönig oder der eiserne Heinrich. Aus: Grimms Märchen: Eine Auslese. Manfred Pawlak Verlagsgesellschaft mbH, Herrsching 1989, **S. 6; S. 81:** HEYM, GEORG: Berlin. Aus: Deutsche Sonette. Hg. v. Hartmut Kirchner. Reclam, Stuttgart 1984, S. 303; **S. 46 f.:** HIMMELRATH, ARMIN: „Wir blicken immer nur in den Rückspiegel ..." Aus: Unicum Abi 8–9/1999, S. 10; **S. 85:** HODDIS, JAKOB VAN: Morgens. Aus: Das Buch der Gedichte. Hg. v. Karl Otto Conrady. Hirschgraben, Frankfurt/M. 1987, S. 340; **S. 75:** HORVÁTH, ÖDÖN VON: Jugend ohne Gott. Aus: Gesammelte Werke, Band 13. Hg. v. Traugott Trischke. Suhrkamp Verlag, Frankfurt/M. 1983, S. 21 f.; **S. 38:** Jedes Jahr frage ich mich ... Aus: Schülerduden Grammatik. Dudenverlag, Mannheim 1998, S. 399; **S. 31 f.:** KELLER, GOTTFRIED: Eine Armenschule im 19. Jahrhundert. Aus: Der grüne Heinrich. In: Sämtliche Werke, Band 1. Droemersche Verlagsanstalt, München 1954, S. 54 ff.; **S. 63 und 65:** KENNEDY, JOHN F.: Meine Berliner und Berlinerinnen! Aus: Dämme gegen die Flut. S. Fischer Verlag, Frankfurt/M. 1964, S. 181; **S. 62:** Kirsten Boie konfrontiert ... Aus: Lesen in der Schule mit dtv pocket. Hg. v. Hannelore Daubert und Hans-Heino Ewers. dtv, München 1997, S. 124 ff.; **S. 8:** Konzentration, bitte! Aus: Wege entdecken. Hg. v. Joachim Feige und Renate Spennhoff. Schriftenmissions-Verlag, Gladbeck, und Verlag Katholisches Bibelwerk, Stuttgart 1982, S. 142; **S. 48:** LESSING, GOTTHOLD EPHRAIM: Der Rabe und der Fuchs. Aus: Lessings Werke, Band 1. Hg. v. Kurt Wölfel. Insel Verlag, Frankfurt/M. 1967, S. 37; **S. 60:** REINIG, CHRISTA: Skorpion. Aus: Verteidigung der Zukunft – Deutsche Geschichten 1960–1980. Hg. v. Marcel Reich-Ranicki. dtv, München 1980, S. 251 f.; **S. 64:** „Rosinenbomber" in der Luft; Berliner feiern Blockade-Ende; Ost-Berlin zementiert die deutsche Teilung; Kennedy: „Ich bin ein Berliner": Alle Texte aus: Das Jahrhundertbuch. ADAC Verlag, München 1999; **S. 71 f.:** SCHÄUBLE, WOLFGANG: Rede vor dem Deutschen Bundestag am 20.06. 1991. Aus: Das Jahrhundertbuch. ADAC Verlag, München 1999; **S. 37:** Schiffskompass – Die Nadel zeigt nach Norden. Aus: GEO Epoche. Das Magazin für Geschichte 1/1999, S. 19; **S. 48:** SCHNURRE, WOLFDIETRICH: Gehorsam. Aus: Protest im Parterre. Langen-Müller, München 1957, S. 55; **S. 27:** STADEL, FLORIAN: Was Italiener, Iren und andere Europäer im Handumdrehen geschafft haben ... Aus: Focus online, 4.8. 2006; **S. 59:** WALSER, ROBERT: Lesen ist ebenso nützlich wie reizend [...] Aus: Das Gesamtwerk, Band 2. Hg. v. J. Greven. Kossodo Verlag, Genf/Hamburg 1966; **S. 76 f.:** WEISENBORN, GÜNTHER: Die Aussage. Aus: Memorial. Kurt Desch Verlag, München 1947, S. 35–42; **S. 24:** Werbung nicht verantwortlich für Alkoholkonsum. Aus: Bonner General-Anzeiger, 17.11. 1999

Bildquellenverzeichnis

S. 4: Zeichnung aus: Heinz Klippert: Methodentraining © Verlagsgruppe Beltz, Weinheim und Basel; **S. 14:** picture-alliance/Sander; **S. 18, 64, 65, 88:** Ullstein Bild; **S. 28:** © Hirshhorn Museum and Sculpture Garden, Smithsonian Institution, Gift of the Joseph H. Hirshhorn Foundation, 1966; **S. 31:** picture-alliance/dpa; **S. 35 links:** Ullstein Bild/Imagno; **S. 35 Mitte:** Albert Anker, Dorfschule. Standort: Kunstmuseum Basel, © Hans Hinz/Artothek; **S. 35 rechts:** picture-alliance/akg images; **S. 42:** picture-alliance/KPA Archival Collection; **S. 62:** Kirsten Boie: Erwachsene reden. Marco hat was getan. © für das Umschlagbild von Jutta Bauer: 1995 Deutscher Taschenbuch Verlag, München; **S. 77:** Ullstein/CARO/Muhs; **S. 81:** Ernst Ludwig Kirchner: Porträt von Georg Heym, Berlin 1911 © by Ingeborg & Dr. Wolfgang Henze-Ketterer, Wichtrach/Bern

Impressum

Die Grundlage für dieses Werk wurde erarbeitet von:
Jan Diehm, Christel Ellerich, Cordula Grunow, Angela Mielke, Vera Potthast und Andrea Wagener
Redaktion: lüra – Klemt & Mues GbR, Wuppertal
Illustrationen: Thomas Binder, Klaus Ensikat, Amelie Glienke
Umschlaggestaltung: Katharina Wolff (Foto: Thomas Schulz, Illustration: Barbara Schumann)
Technische Umsetzung: Anna-Maria Klages, Wuppertal

www.cornelsen.de

Dieses Werk berücksichtigt die Regeln der reformierten Rechtschreibung und Zeichensetzung. Bei den mit Ⓡ gekennzeichneten Texten haben die Rechteinhaber einer Anpassung widersprochen.

1. Auflage, 1. Druck 2007

© 2007 Cornelsen Verlag, Berlin

Das Werk und seine Teile sind urheberrechtlich geschützt.
Jede Nutzung in anderen als den gesetzlich zugelassenen Fällen bedarf
der vorherigen schriftlichen Einwilligung des Verlages.
Hinweis zu § 52 a UrhG: Weder das Werk noch seine Teile dürfen ohne eine
solche Einwilligung eingescannt und in ein Netzwerk eingestellt werden.
Dies gilt auch für Intranets von Schulen und sonstigen Bildungseinrichtungen.

Druck: Himmer AG, Augsburg

ISBN: 978-3-464-68023-0

 Inhalt gedruckt auf säurefreiem Papier aus nachhaltiger Forstwirtschaft.

Deutschbuch

Arbeitsheft

*für Gymnasien in
Baden-Württemberg*

Lösungen **6**

Seite 3

1 *Beispiel:*
Benno hat keinen Schnellhefter für Deutsch, nur einen chaotischen und unvollständigen für alle Fächer zusammen, er hat nicht alle Lernschritte nachvollzogen (Abwesenheit, Verständnisprobleme), hat bei Verständnislücken nicht nachgefragt, Hausarbeiten nur unvollständig gemacht und im Unterricht nicht vorgestellt, er hat im Unterricht kaum mitgeschrieben.

Seite 4

2 *Beispiele für Tipps:*
– Für jedes Fach einen eigenen Ordner anlegen, regelmäßig auf Vollständigkeit überprüfen (am besten alle Aufzeichnungen mit Datum, Überschrift)
– Hat man gefehlt, vollständige Unterlagen besorgen und sie sich genau erklären lassen
– Im Unterricht immer Notizen machen
– Bei Verständnisproblemen nachfragen
– Zeit für Hausarbeiten nehmen und diese evtl. in der Klasse vorstellen

3 Nur etwa in den ersten zwei Stunden des Lernens nimmt mit der Zeit auch der gelernte Stoff zu, danach lässt die Aufnahmefähigkeit immer mehr nach – nach ca. dreieinhalb Stunden sogar so weit, dass man mehr vergisst als lernt.

Seite 5

4 c) *Beispiel:*
Der Stoff soll nicht bloß lesend (= passiv) bearbeitet werden, sondern aktiv, indem man sich auf verschiedene Arten immer wieder mündlich (z. B. in Inhaltszusammenfassungen) oder schriftlich (auf Lernkärtchen, auf Spickzetteln, in Pfeildiagrammen, Skizzen oder auch Probeklausuren) mit ihm beschäftigt.

Seite 6

1 **1. Ausschnitt:**
Der Schüler/die Schülerin hat sich vor dem Schreiben nicht ausreichend klargemacht, was die erste Aufgabe von ihm/ihr verlangt, und er/sie hat kein Konzept angelegt.
So kann er/sie nicht am Anfang der Inhaltsangabe zusammenfassend sagen, worum es in der Geschichte geht, sondern versucht, dies erst im Schreibprozess herauszufinden.
Auch verwendet er/sie zunächst das Präteritum.

Den Tempusfehler bemerkt er/sie später. Er/sie versucht zunächst, Einzelheiten zu korrigieren, und bemerkt erst spät, dass ihm/ihr der gesamte Zusammenhang noch nicht klar ist.

2. und 3. Ausschnitt:
Auch zur 3. Aufgabe gab es offenbar kein Konzept, dafür liest sich der zweite Klassenarbeitsabschnitt selbst wie ein Konzept (unvollständige Sätze, nur Aufzählung von Aspekten). Wegen fehlender Planung wird ein Nachtrag nötig (3. Ausschnitt); die mangelnde Vorbereitung schlägt sich in Ausdrucksfehlern nieder – wahrscheinlich fehlte die Zeit zur Textüberarbeitung („Eine Kurzgeschichte besteht aus folgenden Merkmalen", „... fängt der Anfang ... an").

Seite 7

2 Schritt 1: Aufgabenstellung genau lesen und sich klarmachen, was genau verlangt wird. (max. 5 Min.)
Schritt 2: Den Text zweimal lesen, beim zweiten Mal Wichtiges markieren, gegebenenfalls Fragen zum Text oder zur Aufgabenstellung mit dem Lehrer klären. (15 Min.)
Schritt 3: Ein kurzes Konzept zu jeder Aufgabe auf einem Extrablatt entwerfen. (10 Min.)
Schritt 4: Den Klassenarbeitstext zu den einzelnen Aufgaben ausformulieren, dabei auf gedankliche Gliederung (Konzept!) achten. (50 Min.)
Schritt 5: Alles Geschriebene noch einmal lesen und auf Fehler und Unstimmigkeiten achten. (10 Min.)

Seite 8

3 b) *Merksatz*:
Sei dir nicht selbst immer einen Schritt voraus, sondern tu auch wirklich, was du gerade tust.

Seite 9

6 97 Streichungen sind erforderlich.

7 a) Ausreichende Flüssigkeitszufuhr erhöht die Konzentrationsfähigkeit.

Seite 12

2 falle, geschützt seien, habe, seien, würden

1

Lösungen

Seite 13

3 Beim ersten Ausschnitt überwiegt der Protokolltyp „Verlaufs-
protokoll". Der Verlauf der Diskussion wird nachvollzogen und
die Namen der Beitragenden werden genannt. Beim zweiten
Ausschnitt handelt es sich eher um ein Ergebnisprotokoll, da es
eine Zusammenfassung dessen ist, was man gemeinsam
herausgefunden hat. Der Verlauf des Unterrichtsgesprächs wird
nicht nachgezeichnet (die Diskussionsteilnehmer werden nicht
genannt, Diskussionsbeiträge nicht durch Konjunktiv
gekennzeichnet).

Seite 14

5 a) TOP 1: Handelt Elisabeth I. richtig?

c) *Beispiel für ein Stundenprotokoll:*

Klasse 10a des Friedrich-Schiller-Gymnasiums

Protokoll der Deutschstunde vom 15. 1. 2007
Zeit: 2. Schulstunde
Anwesend: 29 Schüler/-innen; Herr Wurm
Abwesend: keiner
Protokollant: Felix Wild

Tagesordnung:
1. Handelt Elisabeth I. richtig?

Bei der Frage, ob Elisabeth I. im Stück „Maria Stuart"
gegenüber Maria Stuart richtig handelt, zeigen sich in der
Klasse verschiedene Ansichten. Peter und Martin stellen das
Handeln von Elisabeth in Frage, da sie bei ihr rein persönliche
Motive (Eifersucht) vermuten und auch die rechtliche
Legitimation anzweifeln, mit der Maria als Herrscherin und
somit auch Bürgerin Schottlands in England der Prozess
gemacht wird. Alexandra ergänzt, dass auch die moralische
Berechtigung Elisabeths sehr zweifelhaft sei, da sie vor ihrem
Volk als gesetzestreue Herrscherin dastehen wolle, aber nicht
so handle. Für Mario ist Elisabeth eine Heuchlerin, da sie
einerseits als tugendhafte Frau auftrete, andererseits aber bereit
sei, für ihre Ziele über Leichen zu gehen.

Für Christiane, Andreas, Aysel und Tabea ist das Handeln
Elisabeths gerechtfertigt. Christiane sieht für Elisabeth keine
andere Möglichkeit, ihre Herrschaft zu festigen, eine
Herrschaft, die, so betont Andreas, ganz im Sinne ihres Volkes
sei. Aysel gibt zu bedenken, dass Elisabeth Maria noch viel
rascher hingerichtet hätte, wenn es nur nach dem Willen des
Volkes gegangen wäre. Abschließend betont Tabea, dass sie
Elisabeth für eine große Königin halte, da sie für ihr Volk eine
gute Regentin gewesen sei. Als solche habe sie Kompromisse
eingehen müssen. [...]

Seite 15

1 **Forderung:** Geschäftsöffnung auch an Sonntagen!
Sach- oder Ergänzungsfrage: Was spricht gegen eine Öffnung
der Geschäfte an Sonntagen?

Behauptung: Wehr- und Zivildienst für Frauen bedeutet
Gleichberechtigung!
Entscheidungsfrage: Sollten auch Frauen Wehr- oder Zivil-
dienst leisten müssen?
Sach- oder Ergänzungsfrage: Was spricht dafür, dass auch
Frauen Wehr- oder Zivildienst leisten?

Behauptung: Es ist sinnvoll, Gewaltdarstellung im Fernsehen zu
verbieten.
Entscheidungsfrage: Sollte Gewaltdarstellung im Fernsehen
verboten werden?
Sach- oder Ergänzungsfrage: Welche Arten von Gewaltdarstellung im Fernsehen sollten verboten werden?

Seite 16

2 *Beispiele für Fragen:*
Gibt es schon Erfahrungen mit einer solchen Öffnungsregelung?
Welche Vorteile, welche Nachteile hat eine solche Öffnung? Wer
profitiert davon, wer hat Nachteile zu erwarten? Welche Rolle
spielt der Sonntag für die Familie, die Kirche, die Gesellschaft?

Seite 17/18

4 **Pro-Argument** zum angeführten Beispiel: Bei vielen besteht der
Wunsch, auch sonntags einkaufen zu können, um flexibler zu
sein.
Beispiel zum angeführten Pro-Argument: Gerade viele
Tankstellen haben in letzter Zeit ihren Kassenraum und damit
ihr Warenangebot auf Supermarktformat vergrößert und auch
außerhalb der üblichen Geschäftszeiten regen Zulauf, was
deutlich den Bedarf zeigt.
Weitere Pro-Argumente:
– Für die Wirtschaft würde eine Öffnung am Sonntag Umsatz-
steigerungen bringen.
  Beispiel: Die Nachfrage ist da, vielen Berufstätigen fehlt aber
  werktags die Zeit zum Einkaufen. Und dass durch Sonntags-
  öffnung tatsächlich mehr verkauft wird, statt bloß die gleiche
  Menge an Einkäufen von 6 auf 7 Tage umzuverteilen, zeigt der
  Sonntags-Brötchenverkauf.
– Die Einführung der Sonntagsarbeit würde neue Arbeitsplätze
  schaffen, weil für die dann erforderlichen Freizeitausgleich
  Leute eingestellt werden müssten.
  Beispiel: Die bisherige Liberalisierung der Ladenöffnungszeiten hat zumindest zur Einstellung von Teilzeitar-
  beitskräften geführt.

Kontra-Argument zum Zitat: Die Sonntagsöffnung bringt kaum
zusätzliche Arbeitsplätze.
Beleg zum Kontra-Argument: Dass ein Wochentag der Ruhe
vorbehalten bleibt, ist nicht nur das Bedürfnis vieler Menschen
heutzutage, sondern auch traditioneller Bestandteil vieler
Kulturen und Religionen.
Weitere Kontra-Argumente:
– Für die Beschäftigten im Einzelhandel würde die Sonntags-
  öffnung Nachteile bringen, denn wer sich nicht zum
  Sonntagsdienst bereit erklärt, kann gemaßregelt werden.
  Beispiel: Gewerkschaften haben immer wieder auf die
  Nachteile hingewiesen, die für Verkäufer/-innen mit der
  Ladenöffnung am Sonntag verbunden sind.
– Von einer weiteren Liberalisierung der Öffnungszeiten
  werden fast nur die großen Geschäfte in den Citys profitieren,
  und zwar auf Kosten kleiner Geschäfte und „Tante-Emma-
  Läden", die sich keine Erweiterung der Öffnungszeiten leisten
  können.
  Beispiel: Schon die bisherige Lockerung der Regelungen ist
  vor allem den großen Geschäften in Stadtzentren zugute-
  gekommen, in denen viele Geschäfte länger geöffnet haben.

2

Lösungen

Seite 19

5 a) *Entscheidung gegen Öffnung, „Sanduhr-Prinzip":*

1   Kunden wünschen freie Wahl der Einkaufszeiten
2   Ladenöffnung am Sonntag?
2.1   Die Ladenöffnung am Sonntag ist sinnvoll
2.1.1 Wunsch der Mehrheit der Bevölkerung
2.1.2 Produktionssteigerung der Wirtschaft
2.1.3 Gleichbehandlung aller Geschäfte
2.1.4 Schaffung von Arbeitsplätzen
2.2   Die Ladenöffnung erweist sich als nachteilig
2.2.1 Nachteile für kleine Geschäfte
2.2.2 Nachteile für Verkäufer/-innen
2.2.3 Schaffung neuer Arbeitsplätze fraglich
2.2.4 Konsumfreier Ruhetag als Kulturgut
3   Keine Erweiterung der Ladenöffnung am Sonntag

Seite 20

5 c) *Entscheidung für Öffnung, „Pingpongprinzip":*

1   Einige Geschäfte praktizieren bereits Sonntagsöffnung
2   Generelle Öffnung am Sonntag?
2.1   Vor- und Nachteile einer Ladenöffnung am Sonntag
2.1.1 Evtl. Nachteile für Beschäftigte im Einzelhandel
2.1.2 Aber: Gleichbehandlung aller Geschäfte
2.1.3 Schaffung neuer Arbeitsplätze fraglich
2.1.4 Aber: Schaffung zumindest von Teilzeitarbeitsplätzen
2.1.5 Evtl. Nachteile für kleine Geschäfte
2.1.6 Aber: Produktionssteigerung der Wirtschaft
2.1.7 Konsumfreier Ruhetag als Kulturgut
2.1.8 Aber: Wunsch der Mehrheit der Bevölkerung
3   Daher: Generelle Öffnung der Läden am Sonntag

Seite 21

6 a) Einleitung B ist geeigneter. Sie nimmt Bezug auf ein Umfrageergebnis, ist knapp und sachlich formuliert und schließt mit der Themafrage ab.
Einleitung A nimmt zwar Bezug auf ein aktuelles Ereignis, behandelt dieses jedoch zu ausführlich. Außerdem teilt der Verfasser bereits hier seine eigene Meinung mit („Das gefällt mir persönlich sehr."), obwohl diese erst im Schlussteil dargelegt werden soll. Die Einleitung ist zu lang und zu unsachlich formuliert (Umgangssprache: „gerammelt voll", „ins Schwitzen kam").

Seite 22

8 a) **Pro:** 1, 3, 4, 6
Kontra: 2, 5
b) *Weitere Kontra-Argumente:*
Mit dem Du geht auch die familiäre Atmosphäre in der Klasse verloren, die frühere Vertrautheit wird abrupt beendet (7), was sich auch negativ auf die Lernbereitschaft auswirken dürfte. (8)

Seite 23

9 **Pro-Argumente:**
Einübung in höfliche Umgangsformen (1)
Gegenseitiger Respekt (3)
Schutz vor plumper Vertraulichkeit (4)
Stärkung des Selbstwertgefühls (6)

Kontra-Argumente:
Künstlichkeit des plötzlichen Wechsels (2)
Ausdruck veralteter Höflichkeitsformen (5)
Siezen als Zeichen genereller Entfremdung (5)
Verlust der Vertrautheit (7)
Sinken der Lernbereitschaft (8)

Seite 25

2 *Beispiel:*
Der Artikel „Werbung nicht verantwortlich für Alkoholkonsum" berichtet von einer Studie, der zufolge nicht die Alkoholwerbung verantwortlich für den Alkoholkonsum vieler Jugendlicher sei, sondern vielmehr ungelöste Probleme mit Familie, Schule und einer unsicheren Zukunft.

3 *Beispiel:*
Grund für den Alkoholkonsum sei dessen (fragwürdiger) Nutzen als Betäubungsmittel bei Problemen mit Familie, Schule und bei schlechten Zukunftsaussichten. Die Werbung dagegen verführe generell niemanden zum Konsum, sondern lenke nur diejenigen, die sowieso schon zum Kauf entschlossen seien, auf eine bestimmte Marke hin.

4 Der Hinweis auf die Finanzierung u.a. durch Brauereien (Z. 26 ff.) lässt Zweifel an der Unabhängigkeit und Glaubwürdigkeit der Studie aufkommen.

5 *Beispiele:*
Bestätigung: Sicher besteht (nicht nur) bei Jugendlichen oft der Wunsch, aus einer ungünstigen Wirklichkeit wenigstens im Rausch auszusteigen.
Widerspruch: Dass Alkohol dafür als geeignetes Mittel angesehen wird, ist nicht zuletzt der Werbung zu verdanken.
Ergänzung: Werbung ist sicher nicht der einzige verantwortliche Faktor, andere Gründe könnten sein: Anpassungsdruck in der Clique, Alkoholkonsum wird nicht nur in den Medien vorgeführt, sondern auch von Eltern, Verwandten, bei Feiern …

Bestätigung: Natürlich zielt Werbung auch auf diejenigen, die bereits zum Kauf entschlossen sind und nur noch die passende Marke, Sorte etc. suchen.
Widerspruch: Da aber gerade Werbung Glückszustände verheißt, die viele (auch Jugendliche) in ihrem Leben vermissen, hat sie ein hohes Verführungspotenzial.

Seite 26

7 *Entscheidung gegen die These, Gliederung nach dem „Pingpong-Prinzip":*

– Familienprobleme etc. seien schuld
  Aber: Auch Jugendliche ohne diese Probleme trinken.
– Werbung sei nur Entscheidungshilfe
  Aber: Mit ihren Versprechungen ist Werbung auch Verführung.
– Medien, Familie, Verwandte als schlechtes Vorbild
  Aber: Werbung fügt sich nahtlos in dieses Bild.
– Fazit: Auflagen für Alkoholwerbung nötig

3

Lösungen

Seite 27

9

a) **zentrale Forderung:** Die Politik soll das Rauchverbot in Gaststätten einführen und vor allem konsequent umsetzen.
Argumente: Rauchen ist tödlich; Nichtraucher haben ein Recht auf Rücksichtnahme; die Umsätze der Gastronomie sind in anderen Ländern trotz des Rauchverbots stabil geblieben oder sogar gestiegen; auch Raucher schätzen frische Luft im Lokal; Regelungen voller Ausnahmen (Unterscheidung in Speiselokale und „andere Lokale") sind inkonsequent und nur mit großem Aufwand umzusetzen; Rauchverbote nur für Jugendliche unter 18 nutzen Millionen Passivrauchern nichts; die Nichtraucher sind in der Mehrheit (60 Millionen).

b) **ergänzende Argumente für ein Rauchverbot in Gaststätten:**
Mitarbeiter in Gaststätten (Bedienungen, Barkeeper) haben ein Recht auf körperliche Unversehrtheit am Arbeitsplatz; Eltern sollten auch mit ihren Kindern und Kleinkindern ein Lokal aufsuchen können, ohne Angst vor dem Passivrauchen haben zu müssen (Passivrauchen hat für Kinder besonders schlimme Folgen); Rauch verfälscht den Geschmack von Speisen; extrem verrauchte Luft vertreibt Gäste, ist die Luft gut, bleiben sie länger und konsumieren mehr, was zur Umsatzsteigerung beiträgt; Kompromisslösungen stiften nur Verwirrung; das Recht auf körperliche Unversehrtheit ist im Grundgesetzt verankert; die Ausgaben der Krankenkassen für die Folgen des Rauchens und Passivrauchens würden sich verringern.

c) **ergänzende Argumente gegen ein Rauchverbot in Gaststätten:**
Ein Rauchverbot ist ein Eingriff in die persönliche Freiheit des Einzelnen; es ist ungesellig, wenn rauchende Gäste immer vor die Tür gehen müssen; Raucher sind suchtkrank, darauf sollte man Rücksicht nehmen; es gibt Studien, in denen widerlegt wird, dass Passivrauchen negative Folgen hat.

3

Zeichnung des Schulzimmers:	Lernvorgänge im Schulzimmer
Ein großer Saal für etwa hundert Schüler/-innen von 5 bis 12 Jahren; sechs Schulbänke in der Mitte; sechs Pulte an den Wänden, ein Katheder	*Verhalten/Regeln:* halbstündlicher Wechsel des Platzes und des Lerngegenstandes (innerhalb einer Minute wechseln hundert Schüler/-innen ihren Platz – und finden das „lustig")
	Methode: Schüler/-innen zwischen elf und zwölf Jahren unterrichten je eine Jahrgangsklasse des gleichen Geschlechts. Die beiden Hilfslehrer gehen herum und erklären die schwierigeren Dinge, der Oberlehrer überwacht den Vorgang und gibt das Klingelzeichen zum Gegenstands- und Platzwechsel.
	Lerngegenstände: Sie werden nicht erwähnt, sind wohl bei den Lesern als bekannt vorausgesetzt. In den Volksschulen geht es um elementares Rechnen, Schreiben, Auswendiglernen, Vortragen von Texten.
	Umgang miteinander: dem fremden, „halb vornehmen" Heinrich gegenüber „nicht unfreundlich", manchmal allerdings „derb"

Seite 33

2

A Das Lernprogramm war dicht (Lesen, Schreiben, Rechnen, Religion) und klar aufgebaut, sodass man jeden Tag etwas Neues lernte.

B In der Schule kam der Erzähler mit der Welt außerhalb seiner Familie in Berührung.

C In dieser Armenschule unterrichten Lehrer, die ihren Beruf mit Engagement ausführen, die gern und überzeugt Lehrer sind.

D Die Meinung, die Kinder aus bürgerlichen Familien seien eher für das Lernen geeignet, könnten sich daher für etwas Besseres halten und müssten deshalb das Gymnasium besuchen, lässt man gar nicht erst aufkommen.

E Die schwierigen Sachverhalte werden von den beiden Gehilfen des Lehrers erklärt. Sie gehen im Saal herum und greifen ein, wo es nötig ist.

F Die Hände (und Arme) nach genauen Vorschriften auf dem Rücken gekreuzt.

G Die Jungen finden es cool, sich die Blumen hinter das Ohr zu stecken.

H Ich nutze es aus, dass alle Leute im Ort meine grüne Kleidung kennen.

I Überall, wo etwas geschah oder gehandelt wurde, war ich dabei, als gehörte ich dazu.

Seite 34

4

Beispiel:

Der „grüne Heinrich" wird in eine Schule geschickt, in die er von seiner bürgerlichen Herkunft her gesehen nicht gehört.
Der Vater hat sich für diese Schullaufbahn des Sohnes entschieden, weil er hofft, dass der Junge auf diese Weise ohne Standesdünkel aufwächst und die Menschen des Volkes kennen lernt. Der Junge denkt über diese Entscheidung nicht nach, er fragt sich zum Beispiel nicht, welche Nachteile das für ihn später einmal mit sich bringen könnte (vielleicht kann er dann nicht studieren). Er fühlt sich in der Schule wohl, weil die Umgangsformen ihm gefallen. Vielleicht ist er auch ein bisschen naiv, denn er findet den militärischen Drill – zum Beispiel beim Wechseln der Plätze – ganz lustig. Er hält es auch für richtig, dass Mädchen und Jungen in dieselbe Schule gehen (was in den höheren Schulen damals undenkbar war). Probleme mit den anderen Kindern hat er offenbar nicht, obwohl anzunehmen ist, dass er seiner besonderen Stellung wegen (er gilt als „halb vornehm" und ist der bestangezogene Junge) nicht von allen geliebt wird. Vielleicht nimmt er gar nicht wahr, wie er auf seine Mitschüler wirkt. Seine Einstellung ihnen gegenüber ist allerdings etwas herablassend. Er geht zwar vertraulich mit ihnen um, bezeichnet sie aber als „buntscheckig geflickte arme Teufel", deren Sitten und Gewohnheiten ihm manchmal fremd und „unfreundlich" sind. Die äußerliche „Derbheit", die ungeschickten Gebärden einiger seiner Mitschüler findet er sogar abstoßend.

5 *Beispiele für Begründungen:*

A Die Kinder in dieser Schule haben das Gehorchen offenbar so „verinnerlicht", dass ihnen der ständige Zwang gar nicht recht zu Bewusstsein kommt. Natürlich wird es auch Disziplinprobleme gegeben haben und Strafen (mit dem Stock), aber davon ist in dem Text nicht die Rede, also scheint es dem Erzähler nicht wichtig zu sein.

B Während heute die Schüler/-innen in Gruppen- oder Freiarbeit wirklich selbstständig arbeiten sollen, war diese Form der Hilfe zum „Sich-Zurechtfinden-in-der-Welt" eine durch den Mangel an Material erzeugte Lernform.

C Der grüne Heinrich ist ein gutmütiger, kindlicher Junge, der sich freut, wenn er die anderen Kinder sieht, wenn er von ihnen nicht geärgert oder ausgegrenzt wird (sein „öffentliches Leben" führen kann). Er sieht sich beachtet.

D Kinder armer Leute hatten zu der damaligen Zeit kaum die Möglichkeit, auf ein Gymnasium zu gehen. Die beschriebene Privatschule ist sicher auch eine Alternative zu einer Schule, in der die Kinder durch Unterdrückung und körperliche Strafen zum „Lernen" angehalten wurden.

Seite 35

6 a) *Beispiel für den inneren Monolog des „grünen Heinrichs":*
Die halten sich für was Besseres, diese Gymnasiasten. Sie haben Schulmützen und überall in der Stadt kann man sie als Schüler des Gymnasiums erkennen. Sie drängen sich vor, sie „reden nach der Schrift", aber sie sind auch nicht vornehmer als wir. Ich hätte gern gewusst, was sie bei ihren vielen Lehrern alles lernen. Sie haben kleine Klassen, sie lernen Latein, sie haben auch Zeichenunterricht. Aber mein Vater wird sich schon was dabei gedacht haben, dass er mich nicht im Gymnasium, sondern in der Armenschule angemeldet hat. (...)

e) *Beispiel für den inneren Monolog Gottfried Kellers:*
Es war, alles in allem, doch eine gute Zeit, die ich in der Armenschule verbracht habe. Es hat mir zumindest nicht geschadet. Ich habe gelernt, mit den Menschen aus dem Volk umzugehen. Sie sind manchmal grob, aber sie sind nicht besser oder schlechter als die so genannten Gebildeten. Im Gegenteil, sie sind nie eingebildet. Ich möchte den Lesern, die die Schule nie betreten haben, erklären, dass die Pestalozzi-Methode gut ist, um die Kinder zum selbstständigen Lernen zu bringen. Warum sollen nicht Fünfjährige das Schreiben von Zehnjährigen lernen? In den Familien geht es doch auch oft so, dass die älteren Geschwister den jüngeren etwas beibringen. (...)

Seite 36

1 „Nun schweigt er schon, (seit) vor zehn Minuten der Zug vorübergefahren ist. Freilich ist er ein Mensch, (der) nicht gern über seine Gefühle spricht. Aber ich spüre, (dass) heute etwas anders ist. Es gibt etwas, (das) in ihm arbeitet. Soll ich ihn fragen? (Obwohl) wir so lange verheiratet sind, habe ich manchmal den Eindruck, (dass) ich ihn überhaupt nicht kenne ..."

„Sie tut einfach so, als ob sie in einem Buch läse. Macht sie das, (damit) ich denke, (dass) die Sache, (die) da passiert ist, sie überhaupt nicht kümmert? Und jetzt sitzt sie, (obwohl) schon fast Mittag ist, noch immer in ihrem Unterkleid herum. Vielleicht wäre es doch besser gewesen, ich hätte mich anders entschieden ..."

Seite 37

2 **Schiffskompass – Die Nadel zeigt nach Norden**
Niemand weiß, (wann) es einem Menschen zum ersten Mal aufgefallen ist, (dass) Magneteisen immer annähernd genau nach Norden zeigt. [...] Erst allmählich lernten die Menschen, (dass) der Kompass ein hervorragendes Instrument für alle jene ist, (die) große Entfernungen überwinden und – vor allem – wieder zurückkehren wollen. Die ersten Kompasse wurden wahrscheinlich in China gefertigt. In der Ausgabe des Lexikons „Shuo wen" aus dem Jahre 986 n. Chr. definiert der Gelehrte Xu Quan den Magneten als einen Stein, mit (dem) man „der Nadel die Richtung eingeben" könne. Doch erst das Schiff machte den Kompass zu einem Instrument, mit (dem) die Welt erforscht und erobert werden kann. Im Jahre 1119 berichtet die erste chinesische Chronik von kantonesischen Dschunken, (die) per Kompass navigiert wurden.

Der Froschkönig oder der eiserne Heinrich
In den alten Zeiten, (als) das Wünschen noch geholfen hat, lebte ein König, (dessen) Töchter alle schön waren; aber die jüngste war so schön, (dass) die Sonne selber, (die) doch so vieles gesehen hat, sich verwunderte, (sooft) sie ihr ins Gesicht schien.
Nahe bei dem Schlosse des Königs lag ein großer dunkler Wald und in dem Walde unter einer alten Linde war ein Brunnen: (Wenn) nun der Tag recht heiß war, so ging das Königskind hinaus in den Wald und setzte sich an den Rand des kühlen Brunnens. [...]

3 Inhaltlich besteht bei den Satzpaaren kein Unterschied, formal gesehen wird jeweils ein Satzglied (A: Subjekt; C: Adverbial) oder ein Satzgliedteil (B und D: Attribut) in einen Nebensatz umgewandelt, indem ein Nomen oder Partizip in einen Ausdruck mit finitem Verb umgeformt wird.

Seite 38

4 Jedes Jahr frage ich mich, wie man wohl dem Weihnachtsrummel entrinnen kann. (Objektsatz)
Ich finde einfach keinen Gefallen an all den Schaufenstern, die bereits Anfang November mit Tannenzweigen und Christbaumschmuck verziert sind. (Attributsatz) Wenn man das zu lange sieht, ist die ganze Stimmung dahin. (Adverbialsatz) Mehr als die Schaufenster ärgert mich, dass Kaufen und Schenken zur Pflicht erklärt wurde. (Subjektsatz)
Wenn ich ein Geschenk auswählen will, brauche ich vor allem Zeit und Ruhe. (Adverbialsatz) Wichtig ist doch, dass man an die Menschen denkt, die man beschenken will, dass man überlegt, was ihnen gefallen könnte. (Subjektsatz, Attributsatz, Subjektsatz, Objektsatz) Ich kann nicht einfach rasch Geschenke einkaufen gehen, nachdem ich tagsüber gearbeitet habe. (Adverbialsatz) Was ich aber hier beschreibe, gilt nicht für alle. (Subjektsatz)
Natürlich weiß ich, dass es Leute gibt, die den Rummel genießen. (Objektsatz, Attributsatz)

Lösungen

Seite 39/40

1
2. Nachdem wir lange gefeiert hatten, *Temporalsatz*
schliefen wir bis mittags.
Frage: Wann schliefen wir bis mittags?
Antwort: Wir schliefen bis mittags, nachdem wir lange gefeiert hatten.
Umformung: Nach der Feier/Party schliefen wir bis mittags.

3. Da sie noch verabredet war, brach sie zeitig auf. *Kausalsatz*
Frage: Warum brach sie auf?
Antwort: Sie brach auf, da sie noch verabredet war.
Umformung: Wegen einer Verabredung brach sie auf.

4. Wenn sie es erlauben, *Konditionalsatz oder Temporalsatz*
fahre ich ohne meine Eltern in den Urlaub.
Frage: Unter welcher Bedingung/Wann fahre ich ohne meine Eltern in den Urlaub?
Antwort: Ich fahre ohne meine Eltern in den Urlaub, wenn sie es erlauben.
Umformung: Mit der Erlaubnis meiner Eltern fahre ich ohne sie in den Urlaub.

5. Damit wir bei der ZK Erfolg haben, lernen *Finalsatz*
wir viel.
Frage: Mit welcher Absicht lernen wir viel?
Antwort: Wir lernen viel, damit wir bei der ZK Erfolg haben.
Umformung: Für den Erfolg bei der ZK lernen wir viel.

6. Sie brach das Schweigen, indem sie laut *Modalsatz*
loslachte.
Frage: Wie brach sie das Schweigen?
Antwort: Sie brach das Schweigen, indem sie laut loslachte.
Umformung: Durch lautes Loslachen brach sie das Schweigen.

Seite 40

2
a) + b)
1. Bei starkem Schneefall – Wir brechen die Tour ab, wenn es stark schneit. (Konditionalsatz oder Temporalsatz)
2. Infolge fehlender Anmeldungen – Der Kurs fällt aus, weil Anmeldungen fehlen. (Kausalsatz)
Oder:
Es fehlen Anmeldungen, sodass der Kurs ausfällt. (Konsekutivsatz)
3. Während ihrer Reise – Während sie reisten, wurde er krank. (Temporalsatz)

3
Verwendet man adverbiale Bestimmungen statt Satzgefügen, lassen sich Sätze meist knapper formulieren, was oft genutzt wird, wenn nur wenig Platz zur Verfügung steht (z. B. in Zeitungstexten). Allerdings entsteht dadurch ein Nominalstil, der zu trocken und förmlich klingen kann.

Seite 41

1
a) + b)
(1) Dass Geld allein nicht glücklich macht, ... ("dass"-Satz/Subjektsatz)
(2) Ob aber der Zaster ... nachhelfen kann, ... (indirekter Fragesatz/Objektsatz)
(4) ..., auf diese Weise ein paar mehr Jungs ... zu bekommen (Infinitivsatz/Objektsatz)
(5) ..., mit einem solchen Heiratsmarkt ... zu stoßen (Infinitivsatz/Objektsatz)
(6) ..., einen neuen Quotenrenner geboren zu haben (Infinitivsatz/Objektsatz)
(8) Dass ihr Rick ... auswählen würde, ... ("dass"-Satz/Objektsatz)

(10) Rick ... zu sehen(,) (Infinitivsatz/Subjektsatz) (Kommasetzung möglich, nicht notwendig)
(11) ..., dass aus Rick ... geworden war ("dass"-Satz/Subjektsatz)
(12) ..., dass sich der Sender ... retten konnte ("dass"-Satz/Objektsatz)
(13) Dass es ... geben wird, ... ("dass"-Satz/Subjektsatz)
(14) ..., das Konzept zu verkaufen (Infinitivsatz/Objektsatz)

Seite 42

1
(Leonardo DiCaprio), (der) als Schwarm aller weiblichen Herzen gilt, wurde am 11. November 1974 im Sternzeichen Skorpion in Los Angeles, Kalifornien, geboren. Bereits vor seinem ersten Geburtstag trennten sich seine (Eltern) George und Irmelin DiCaprio, für (die) jedoch die nächsten zwanzig Jahre eine Scheidung nicht in Frage kommen sollte, denn die (Erziehungsaufgaben), (die) sie auf sich zukommen sahen, wollten sie gemeinschaftlich wahrnehmen. Die ersten Erfahrungen mit dem Medium Fernsehen machte Leonardo im Alter von zweieinhalb Jahren in der (Kindershow) „Romper Room", aus (der) er jedoch „gefeuert" wurde, da er sich als kleiner (Wildfang) entpuppte, (der) vor laufender Kamera nicht zu kontrollieren war. Nach der (Grundschule), an (der) er während der Sommermonate auch Schauspielunterricht nehmen konnte, wechselte Leonardo zur John Marshall High School in Los Feliz. Dort spielte er seine erste richtige Rolle in einem (Stück), (das) den Namen „Circus Fantasy" trug. Sein schauspielerisches Talent war unverkennbar und sein Wunsch, Schauspieler zu werden, wurde immer dringlicher. Seine (Mutter), (die) er ständig anbettelte und bedrängte, gab schließlich nach, und 1987 ging sie mit ihrem (Sohn), (der) erst dreizehn Jahre alt war, zu einem Vorsprechtermin. Hiermit begann Leonardos schauspielerische Karriere. Über kleinere (Werbespots und Aufklärungsfilme) für Jugendliche, (die) Titel trugen wie „Mickey's Safety Club" oder „How to Deal With a Parent Who Takes Drugs", arbeitete er sich 1988 vor bis zu der Titelrolle in der wieder aufgelegten (Serie) „Lassie", (die) ein Klassiker der späten 50er- und frühen 60er-Jahre im amerikanischen Fernsehen war. 1990 entstand die (Seifenoper) „Santa Barbara", in (der) er als 16-Jähriger einen jugendlichen Alkoholiker spielte. Mit seiner (Rolle) in „This Boy's Life", in (der) er neben Filmgrößen wie Robert DeNiro und Ellen Barkin auftrat, gelang ihm der endgültige Durchbruch. Schlag auf Schlag folgten die Filme „Romeo und Julia", der (Kassenschlager) „Titanic", in (dem) er neben Kate Winslet die Hauptrolle spielte, und „Der Mann in der eisernen Maske". Der (Film), in (dem) er jüngst überzeugen konnte, heißt „Departed – Unter Feinden".

Seite 43

1
a) habe, schaue, führe sich auf, stehe, tanze, rede, solle, interessiere, sei, könne, glaube

b) lebe, sei, koste, wolle, Komme

2
er halte, laufe, spreche, versuche, kümmere, erfahre
ihr haltet, laufet, sprechet, versuchet, kümmeret, erfahret

Seite 44

3
A erwärmte, wüchsen
B gewänne/gewinnen würde
C führen, abgäben
D bekämen
E verlieren würde
F gelänge
G wären

6

Lösungen

Seite 45

1
2. würden ... zeigen, habe
3. sei, werde
4. entsprächen, böten/würden ... bieten
5. würden ... eröffnen, könne
6. würden ... geraten, würden ... bezahlen, lohne

Seite 46

2 direkte Rede, indirekte Rede, Zitat, Paraphrase

Wir blicken immer nur in den Rückspiegel
(...) sagt Jörg Tremmel und fordert – mit 1000 Unterschriften im Rücken –, den Umweltschutz als „Staatsziel" im Grundgesetz festzuschreiben.

Der Soziologiestudent ist kein politischer Spinner, sondern Vorsitzender der „Stiftung für die Rechte zukünftiger Generationen" (SRZG). Und seine Forderung, „heutigen Politikern Schranken zu setzen, damit auch in Zukunft noch Ressourcen und eine lebenswerte Umwelt vorhanden sind", fand bei der Justizministerin Gehör: „Wir müssen den Grundgedanken der Nachhaltigkeit, der außerordentlich wichtig ist, deutlicher ins Grundgesetz hineinbekommen", stimmte die Ministerin zu, warnte aber vor dem „Irrsinnsprogramm", das sich die Jugendlichen vorgenommen hätten: „Grundgesetzänderung geht nicht mal eben auf Zuruf, das ist ein langer und komplizierter Prozess." Wie dieser Prozess aussehen könnte, davon haben die SRZG-Aktivisten schon ganz konkrete Vorstellungen. Ihr Vorschlag: Der Grundgesetz-Artikel 20a, in dem 1994 das Staatsziel Umweltschutz festgeschrieben wurde, soll konkretisiert werden. Denn bisher heißt es unter der Überschrift „Natürliche Lebensgrundlagen" nur allgemein: „Der Staat schützt auch in Verantwortung für die künftigen Generationen die natürlichen Lebensgrundlagen im Rahmen der verfassungsmäßigen Ordnung durch die Gesetzgebung und nach Maßgabe von Gesetz und Recht durch die vollziehende Gewalt und die Rechtsprechung."
Die Erfüllung dieser Verpflichtung sei jedoch nicht einklagbar, so Tremmel. Er präsentierte einen ausführlichen Text, in dem es unter anderem heißt, es dürften nur so viele Ressourcen verbraucht werden, wie entweder nachwachsen oder wiederhergestellt werden. Auch soll die Bundesregierung gewährleisten, dass die bestehende Vielfalt von Tier- und Pflanzenarten nicht durch menschliches Handeln verringert wird und keine dauerhaften Gefahrenquellen aufgebaut werden. „Charme" attestierte die Ministerin dem Vorschlag, sah aber trotzdem noch „eine Menge Diskussionsbedarf". Sie kündigte an: „Wir treten jetzt in einen intensiven Briefwechsel ein, treffen uns auch noch einmal und sehen dann, wie weit diese Initiative gelingen kann."
Dass sie gelingen muss, steht für Hans-Peter Dürr außer Zweifel. Der Münchner Physiker und Zukunftsforscher jedenfalls unterstützte die Forderungen der Schüler und Schülerinnen vehement: „Wir blicken immer nur in den Rückspiegel, aber wir brauchen endlich auch einmal den Blick nach vorne!"
Die ersten 1000 Unterschriften, die auf der Straße, an Schulen und an der Uni für eine Gesetzesänderung gesammelt wurden, drückte Tremmel der Ministerin bereits in die Hand, weitere 100 000 Unterstützer will die Stiftung zusammenbekommen. Eine andere Haltung sei für ihn auch nicht denkbar, sagt Jörg Tremmel, denn „noch nie wurde eine Generation so schamlos um ihre Rechte betrogen und hat es gleichzeitig so klaglos hingenommen."

Seite 47

3 Die Ministerin sagte, ...
- man müsse den Grundgedanken der Nachhaltigkeit, der außerordentlich wichtig sei, deutlicher ins Grundgesetz hineinbekommen.
- Grundgesetzänderung gehe nicht mal eben auf Zuruf, sondern sei ein langer und komplizierter Prozess.
- sie träten jetzt in einen intensiven Briefwechsel ein, träfen einander auch noch einmal und sähen dann, wie weit die Initiative gelingen könne.

4 *Beispiele:*
Der Münchner Physiker und Zukunftsforscher Hans-Peter Dürr fordert, nicht ständig nur in den Rückspiegel, sondern endlich auch einmal nach vorne zu blicken.
Noch keine Generation, so Tremmel, wurde derart schamlos um ihre Rechte betrogen wie die der heute Heranwachsenden. Nach Tremmels Einschätzung wird dieser Betrug erstaunlich klaglos hingenommen.

Seite 48

5 **Der Rabe und der Fuchs**
...: „Sei mir gesegnet, Vogel des Jupiters!" – „Für wen siehst du mich an?", fragte der Rabe. – „Für wen ich dich ansehe?", erwiderte der Fuchs. „Bist du nicht der rüstige Adler, der täglich von der Rechten des Zeus auf diese Eiche herabkömmt, mich Armen zu speisen? Warum verstellst du dich? Sehe ich denn nicht in der siegreichen Klaue die erflehte Gabe, die mir dein Gott durch dich zu schicken noch fortfährt?"
Der Rabe erstaunte und freuete sich innig, für einen Adler gehalten zu werden. „Ich muss", dachte er, „den Fuchs aus diesem Irrtume nicht bringen." ...

6 **Gehorsam**
...: „Martha, ich werde jetzt bald einer Berufung aufs Festland nachkommen müssen; es wird angebracht sein, dass du dich daran gewöhnst, auf dem Land zu leben." „Aber um Himmels willen!", rief der Weißfisch verstört. „Bedenke doch, Lieber: meine Flossen! Die Kiemen!" Die Kaulquappe sah seufzend zur Decke empor. „Liebst du mich oder liebst du mich nicht?" „Ei, aber ja", hauchte der Weißfisch ergeben. „Na also", sagte die Kaulquappe.

Seite 49

1 Europäische Union ... wirtschaftlicher und politischer Zusammenschluss ... Europäische Rat ... Europäische Parlament ... europäischen Länder ... politische Union ... gemeinsame Währung ... Vereinten Nationen ... Vereinigten Staaten ... politische Beratungsorgan ... bedeutendste Organ ... internationalen Sicherheit

2 ... großen Ferien ... Hohen Tauern ... Ewige Stadt ... Sixtinische Kapelle ... Blaue Grotte ...

Seite 50

3 ostfriesischer Tee, Meißener Porzellan, Mainzer Fastnacht, Hamburger Hafen, Freiburger Münster, Berliner Bär, Kölner Dom, fränkischer Wein, Dresdner Zwinger, Thüringer Klöße, Bayerischer Wald (Eigenname!), Bremer Stadtmusikanten, Wuppertaler Schwebebahn, Frankfurter Würstchen, Augsburger Puppenkiste, sächsische Gemütlichkeit

7

Lösungen

Seite 51

4 Samstagabend ... Nacht ... morgens ... Sonntagmorgen ... gleich vormittags ... gegen Mittag ... den Sonntagvormittag ... früh am Morgen ... täglich ... nachts ... frühmorgens ... an jedem Morgen ... nachmittags ... von Sonntag bis Freitag ... Freitagabend ... am nächsten Morgen

Seite 52

5 *Beispiele:*
Leider hat die Firma Pleite gemacht.
Trotz großer Anstrengungen werden sie bald pleite sein.

Es steht Spitze auf Knopf, ob sie damit Erfolg haben werden.
Dieses Buch ist spitze.

Der heftige Sturm machte ihnen Angst und Bange.
Da konnte einem angst und bange werden.

Jemandes Freund sein ist sehr wichtig.
Er ist ihm trotz anfänglicher Abneigung freund geworden.

Der Film ist große Klasse.
Sie war bei ihrem Auftritt heute klasse.

Es ist ihm Unrecht geschehen.
Das war unrecht von dir, dass du ihn so behandelt hast.

Seite 53

1 Geige spielen / Geige üben, Rad fahren, Schlange stehen, Walzer tanzen; richtigstellen (= korrigieren) / richtig schreiben, schwerfallen (= Mühe haben), krankschreiben (= eine Krankheit bescheinigen), tief tauchen / tieftauchen; auseinandersetzen / auseinandergehen / auseinanderfallen, durcheinanderbringen / durcheinanderkommen / durcheinanderfallen, herunterfließen / herunterlassen / herunterfallen / herunterkommen, abhandenkommen; laufen lernen, schwimmen gehen, liegen lassen, lesen üben / lesen lernen / lesen lassen

Seite 54

3 *Beispiele:*
1. Das Essen wird stundenlang warm gehalten.
   Er will sich diesen Mann für alle Fälle warmhalten
   (= sich sein Wohlwollen erhalten).
2. Das Fenster wollen wir doch lieber offen lassen.
   Diesen Punkt sollten wir offenlassen
   (= noch nicht entscheiden).
3. Jetzt kann man die Sterne am Himmel ganz klar (= deutlich) sehen.
   Hoffentlich werden wir in dieser Angelegenheit bald klarsehen (= Klarheit haben).
4. Er hat die Melodie falsch gespielt.
   Beim Kartenspiel haben sie falschgespielt (= betrogen).
5. Die Häuser, die allein stehen, gefallen mir besser.
   Es gibt viele Menschen, die alleinstehen
   (= ohne Unterstützung, ohne Partner sind).
6. Anne hat heute Nacht schief gelegen und hat jetzt Rückenschmerzen.
   Mit dieser Ansicht hat er schiefgelegen (= sich geirrt).
7. Heute kann ich nur kurz (= nicht lange) arbeiten.
   Aus Arbeitsmangel muss die ganze Belegschaft diesen Monat kurzarbeiten (= weniger als die normale Stundenzahl arbeiten).
8. Ich bin heiser, deshalb kann ich heute wirklich schlecht reden.
   Du darfst die Sache nicht schlechtreden
   (= schlechter darüber reden, als sie ist).

Seite 55

4 A quergelegt, B zusammen getragen, C dazugehören, D durcheinanderschreien, E daher kommen, F rückwärtsgehen, G dahintergekommen, H dazu schweigen

5 *Beispiele:*
1. Er hatte das Unglück vorhergesehen.
   Ich möchte dich gern vorher (vor diesem Termin) sehen.
2. Vater und Sohn sind heute auf dem Rückweg zusammengetroffen.
   Ich habe beide zusammen (auf der Straße) getroffen.
3. Marie hat das Buch wiederbekommen (zurück).
   Hoffentlich werden sie den Preis dieses Jahr nicht wieder bekommen (erneut).
4. Du sollst nicht immer dazwischenreden.
   Wir können durchaus dazwischen (zwischen den Referaten) reden.

Seite 56

6 eingerichtet haben, hindeuten, wichtigtun, leise gestellt, lange suchen, Angst haben, zusammengekratzt, feststellen, entgegengenommen, stecken geblieben, schwerwiegend, abzuschaffen, auseinandersetzen

Seite 57

7
1. Beim Hausmeister war ein selbst gestrickter/selbstgestrickter Schal abgegeben worden, den ein Schüler in der Turnhalle liegen gelassen/liegengelassen hatte.
2. Die frisch gestrichenen/ frischgestrichenen Wände hinterließen bei den Besuchern einen guten Eindruck.
3. Er hatte sich mit Aysel zum Schwimmengehen im Stadtbad verabredet und versprochen, um 10 Uhr da zu sein.
4. Beim Rückenschwimmen ist er mit einem anderen Badegast zusammengestoßen.
5. Mit zunehmender Kondition war ihr das Sporttreiben nicht mehr schwergefallen.
6. Im Sommerurlaub ist sie zum ersten Mal Wasserski gefahren und hat auch mit dem Bergsteigen angefangen.
7. Vor dem Rendezvous versuchte er, seine Erwartungen klein zu halten/kleinzuhalten.
8. In einem tief schürfenden/tiefschürfenden Gespräch hatten sie bald zueinander gefunden/zueinandergefunden.

Seite 58

1 <u>Artikel</u>, <u>Demonstrativpronomen</u>, <u>Relativpronomen</u> „das", <u>Konjunktion</u> „dass"

(...) Es sollte dabei jedoch ... darauf geachtet werden, <u>dass</u> es nicht zur Gefährdung anderer kommt.
Juist ist eine autofreie Insel. <u>Das</u> bedeutet, <u>dass</u> <u>das</u> Fahrrad und die Pferdekutsche zu wichtigen Verkehrsmitteln werden. <u>Das</u> Pferd nun aber ist ein Lebewesen, <u>das</u> auf Lenkdrachen, die in seiner Nähe fliegen, ängstlich reagiert. Die plötzlichen und für die Pferde nicht einzuordnenden Bewegungen wie auch <u>das</u> Geräusch, <u>das</u> entsteht, wenn die Drachen die Luft durchschneiden, führen dazu, <u>dass</u> die Pferde scheuen und oft nicht mehr kontrollierbar sind – und <u>das</u> bringt eine erhebliche Unfallgefahr mit sich. Damit die Pferde ohne Angst am Deich entlanglaufen können, ist es notwendig, <u>dass</u> <u>das</u> Steigenlassen von Drachen dort unterlassen wird.
<u>Das</u> alles soll Ihnen nun nicht die Lust am Strandurlaub nehmen: Achten Sie aber bitte darauf, <u>dass</u> Sie ...

Seite 59

2 ... glaubte, **dass** ... findet es so seltsam zu leben, **dass** ... **Das** ist so, ... wie **das**, was wir sehen, ... wie **das** Kaninchen, **das** ...Was **das** Kaninchen anbetrifft, so ist uns klar, **dass** ... Wir wissen, **dass** ... sind wir **das** weiße Kaninchen, **das** ... Der Unterschied ... ist nur, **dass das** Kaninchen nicht weiß, **dass** ... Mit uns ist **das** anders ...

3 Der Leser hat seinen hohen, tiefen, lang anhaltenden Genuss, ohne **dass** er jemandem im Weg ist oder jemandem etwas zu Leide tut. Ist **das** nicht vortrefflich! **Das** will ich meinen! (...) Eine anziehende und unterhaltsame Lektüre hat **das** Gute, **dass** sie uns zeitweise vergessen macht, **dass** wir böse, streitsüchtige Menschen sind, die einander nicht in Ruhe lassen können.

Bastian wurde sich bewusst, **dass** er die ganze Zeit schon auf **das** Buch starrte, **das** Herr Koreander vorher in den Händen gehalten hatte und **das** nun auf dem Ledersessel lag. [...] „Die unendliche Geschichte". Er starrte auf den Titel des Buches und ihm wurde wechselnd heiß und kalt. **Das**, genau **das** war es, wovon er schon oft geträumt und was er sich, seit er von seiner Leidenschaft befallen war, gewünscht hatte.

Seite 61

2 *Kennzeichnung der Fehler:*
Eva: In der Geschichte „Skorpion" von Christa Reinig geht es um einen Mann_ (Z) der Aussenseiter (R) und Sonderling ist, der lieber Menschen meidet.
Sebastian: Schon das Aussehen seiner Augen, seiner Brauen, seiner Nase und seiner Ohrläppchen verraten (Gr) _ (Z) das (R) er schlechte Eigenschaften hat und in einem Mißverhältnis (R, A) zu seiner Umwelt (A) steht.
Oliver: Sein Rückzug aus der Gesellschaft beruht auf seiner Selbsterkenntnis_ (Z) „Ich bin kein guter Mensch_ (Z), sagt_ (T) er" (Z. 8 f.).
Christina: Im Bewußtsein (R) seiner Neigung zum Betrug, seinem Jähzorn (Gr), seiner Neugier, seiner Bereitschaft zum Diebstahl und seiner Habgier und Grausamkeit wiedersteht (R) er zunächst jedoch allen Versuchungen_ (Z) die ihm die Umwelt bietet (A).
Anja: Der Mann wirkt menschlich und unmenschlich zugleich, weil er weint einerseits und andererseits reicht er jedoch dem Buchhändler seinen Stachel (SB).
Maike: Und durch die Nettigkeit (A) des Skorpions ist auch die Behandlung durch den Buchhändler (A) freundlich. Er (Bez) schenkte (T) ihm (Bez) sogar ein Buch. Schließlich setzt er (Bez) aber doch seinen Stachel ein, allerdings ohne es zu wollen.

Seite 62

3 c) Kirsten Boie konfrontiert **ihre** Leser mit einem fiktiven Fall, der jedoch ... In einer Kleinstadt mit ländlich**em** Charakter ... Das Buch beginnt, nachdem das Schreckliche geschehen ist, und setzt ein ...
... **lässt** die Autorin ... **zu Wort** kommen: außer Nachbarn, Freund**en**, ... **Reparaturen** ... **authentischem** ... **Soziolekt** ... **suggeriert** ...
... **Protagonisten**, der Identifikationsfigur sein **könnte** ... **Erzählform** in die Position des Reporters versetzt, der selbst als Person nicht auftaucht **(Komma tilgen!)** und auch bis auf eine Ausnahme von den Befragten nie mehr angesprochen wird.

Damit bleibt es dem Leser allein überlassen, sich ... ein Bild zu machen, Schlüsse zu **ziehen** ... **weiß** er zunächst nur, **dass** Marco ein Mörder ist und **dass** er etwas getan hat, was offensichtlich nicht geplant war... den Tathergang, vor allem aber die Umstände, die dazu führen konnten, erkennbar macht. Auch **in Bezug** auf Marco ...

Seite 63

2 **Informationen/begründete Vermutungen zur Redesituation** (mit Hinweis auf Belegstellen):
Ort: (West-)Berlin (Überschrift, Z. 1–4)
Zeit/politische Zeitumstände: nach dem Bau der Mauer bzw. der Isolierung West-Berlins und nach der daraufhin eingerichteten Luftbrücke. Hinweise: „Zeit der schwersten Krise" (Z. 11 f.), General Clay war für die Luftbrücke verantwortlich.
Publikum: Einwohner Berlins (Überschrift, Z. 1)
Anlass: Der Redner besucht Berlin auf einer Reise durch die BRD (Z. 4 f.), will den Berlinern Dank aussprechen und Unterstützung zusagen.
Fragen/Unklarheiten hinsichtlich der Redesituation:
Wer redet? – Wann genau wird die Rede gehalten? – Hat der Redner direkten Kontakt zum Publikum und/oder werden Medien eingesetzt? – Was sind die genaueren Umstände der „Krise"?

Seite 66

5 a) *Beispiele:*
Z. 20–25: Die „freie Welt" entspricht dem Westen als Gegensatz zum kommunistischen Osten.
Z. 34–35: In Freiheit leben soll hier heißen: nach demokratischen Prinzipien leben.
Z. 55: Wer frei sein will, muss sich wie auf einer Insel gegen die Bedrohung durch feindliche Elemente wehren können.
Z. 55–62: „Vormarsch der Freiheit": Ziel ist, dass westliche Lebensvorstellungen einmal auf der ganzen Welt herrschen.
Z. 63–64: Freiheit verpflichtet zum Kampf gegen Unfreiheit.
Z. 64–68: Wie schon in Zeile 55–62 Freiheit als Vision eines vereinten Deutschlands in einem vereinten, demokratisch orientierten Europa.
Z. 71–72: Alle freien Menschen gehören zusammen und dürfen sich als Vorkämpfer für eine freie Welt fühlen.

b) „Freiheit"
– im Berlin der 60er-Jahre: Verbundenheit mit den USA als Schutz vor Vereinnahmung durch die UdSSR; Freiheit als gemeinsames Ziel einer großen Gruppe; Gegensatz: „Kommunismus"
– damals wie heute: Grundprinzip der westlichen Gesellschaften, verbunden mit „Demokratie"
– heute: Recht auf Selbstentfaltung: Mensch als selbstständiger Teil einer pluralistischen Gesellschaft; eher individuelles als gemeinsames Ziel; Gegensatz: „Bevormundung"

Lösungen

Seite 67

6 „Mauer":
Denotation: Wand aus Stein
Konnotationen: Trennung zwischen Ost und West, Isolierung, Abhängigkeit von fremder Hilfe
„Kommunismus":
Denotation: Konzept einer menschlichen Gemeinschaft ohne Privatbesitz
Konnotationen: feindliches System, das West-Berlin vereinnahmen will und für seine Isolation verantwortlich ist
„Hoffnung":
Denotation: Zuversicht, dass die Zukunft gut bzw. besser wird
Konnotationen: Zuversicht, dass die Teilung Berlins bzw. Deutschlands überwunden wird

7 1. Die Zuhörer sollen begreifen bzw. daran erinnert werden, dass der Kommunismus ein verabscheuenswertes System ist, das nicht ohne Zwangsmaßnahmen wie den Mauerbau bestehen kann.
2. Die Zuhörer sollen sich weiterhin nicht nur als Teil, sondern als Vorkämpfer der „freien Welt" fühlen.
3. Die Zuhörer sollen ein vereintes, demokratisches, an westlichen Prinzipien orientiertes Deutschland bzw. Europa als ihr gemeinsames Ziel verstehen.

Seite 68

8 a) Z. 2–12: **Anapher:** Die Wiederholung des Satzanfangs „Ich bin stolz ..." dient nicht nur als deutliche Gliederung, sondern auch als Verstärkung: Den Zuhörern soll klar werden, wie erfüllt der Redner vom Gefühl des Stolzes ist. Der geschmeichelte Zuhörer soll ebenfalls Stolz empfinden.
Z. 17–20: **Parallelismus:** Die Umwerbung des Zuhörers/der Zuhörerin wird noch verstärkt: Die Leistung der Berliner steht in einer Reihe mit den größten Leistungen der Geschichte.
Z. 25–33: **Anapher/Parallelismus:** So schlicht, wie die dreimal wiederholte Aufforderung „Sie sollen nach Berlin kommen!" bzw. „Lasst auch sie nach Berlin kommen!" ist, so einfach lässt sich auch erweisen, dass Kommunismus und Kommunisten durchweg abzulehnen sind.
Z. 55: **Metapher:** Insel der Freiheit: Die Insel ist zwar Gefahren ausgesetzt, aber sie ist auch ein Ort der Rettung und Zuflucht in einem lebensfeindlichen Element (Kommunismus).

Seite 69/70

9 **Leitfragen zur Analyse einer Rede:**
I. Redesituation: Gibt es einen besonderen Anlass? Wer ist Adressat des Textes? In welchem Verhältnis steht der Verfasser zum Publikum bzw. zur Leserschaft?
II. Inhalt: Was ist Gegenstand des Textes? Was sind die Hauptaussagen des Textes?
III. Redeabsicht/Intention: Wie stellt der Redner sich selbst dar? Welche Rolle nimmt er ein? Welche Wirkung will der Redner bzw. Verfasser erzielen? Woran erkennt man das? Will der Redner bzw. Verfasser bestimmte Positionen auf- oder abwerten? Will der Redner bzw. Verfasser beschwichtigen oder vereinnahmen?
IV. Formaler Aufbau und Argumentation: In welcher Reihenfolge werden die Hauptaussagen zur Sprache gebracht? Wie werden Ein- und Ausstiege gewählt?
V. Rhetorische Figuren: Welche rhetorischen Figuren werden eingesetzt? Welche Wirkung geht von ihnen aus?

Seite 72

11 a) „Freiheit":
Kennedy: entscheidendes Bindeglied des Westens, Gegenpol zum Kommunismus
Schäuble: Freiheit als Kennzeichen der westdeutschen Gesellschaft, ohne ausdrücklichen Gegenpol

„Vereinigung":
Kennedy: Überwindung der Teilung; nicht nur auf Deutschland, sondern auch speziell auf Berlin und einzelne menschliche Schicksale bezogen (Z. 51 bis 54)
Schäuble: Zusammenschluss der beiden deutschen Staaten, Wiedervereinigung (Z. 11 f.)

„Frieden":
Kennedy: Glücklicher Zustand nach der Beseitigung des Kommunismus (Z. 61 f., 67 f.)
Schäuble: Abwesenheit und Verhütung von Krieg (Z. 4 u. 85)

„Demokratie"
Kennedy: als Kennzeichen der westlichen Nachkriegsgesellschaft fast ein Synonym für „Freiheit" (Z. 9, 34 f.)
Schäuble: ähnlich wie bei Kennedy verwendet, was besonders in der Formel „Freiheit, Demokratie und Rechtsstaat" deutlich wird (Z. 56 f.)

b) Schäuble betrachtet Berlin als „Symbol für Einheit und Freiheit, für Demokratie [...] für das ganze Deutschland" (Z. 58 f.). Ebendiese symbolische Bedeutung hatte schon Kennedy der Stadt zugesprochen (vgl. Z. 64–72).

Seite 73–75

1 **Don Quixote:** auktorialer Erzähler, der nicht nur durch seine Kommentare und Wertungen zur Hauptfigur („großer Frühaufsteher", Z. 7; „mit [...] Liebe und Hingebung", Z. 19), sondern auch mit „ich" (Z. 2) und „wir" (Z. 14) deutlich hervortritt. Er kennt alle Geschichten über die Hauptfigur (Z. 8 ff.) und wählt das für den Leser Wichtige aus.
Madame Bovary: personales Erzählen aus Emmas Perspektive, (Sie-Form) was besonders an der Verwendung des Verbs „scheinen" bzw. „erscheinen" deutlich wird. (Z. 1, 8, 11). Der Erzähler erlaubt sich keine Vorgriffe oder Wertungen, es wird nur das wiedergegeben, was Emma denkt, fühlt, woran sie sich erinnert.
Jugend ohne Gott: In strikt chronologischer Reihenfolge, ohne zeitliche Distanz wird aus der Perspektive des Ich-Erzählers berichtet, der im Mittelpunkt der Handlung steht. Der unmittelbaren Wiedergabe des Erlebten, seiner Gefühle und Gedanken entspricht als geeignetes Erzähltempus das Präsens und als Erzählverhalten das personale Erzählen.

2 a) *Beispiel:*
Don Quixote (Ich-Form): Ihr kennt mich nicht? – Dann hört zu: Mein Name ist Don Quixote von La Mancha, ich bin ein Frühaufsteher und ein großer Freund der Jagd. Doch zum Glück lassen mir meine Verpflichtungen noch genügend Zeit für meine Lieblingsbeschäftigung: Ich lese, ach was, verschlinge alles, was nur irgendwie von Rittern handelt ...

b) *Beispiel:*
Madame Bovary (Sie-Form, auktoriales Erzählverhalten): Schon wieder hatte Emma einen ihrer Trauertage, die für alle anderen im Hause kaum zu ertragen waren. Wie immer, wenn sie an Léon dachte, den unerreichbar schönen Léon – der ihre Bewunderung natürlich insgeheim genoss –, stand sie da mit leerem Blick, in dumpfer Verzweiflung, und keiner durfte ihr zu nahe kommen. Denn aus Erfahrung wusste jeder, dass man Emma besser sich selbst überließ an solchen Tagen ...

10

c) *Beispiel:*
Jugend ohne Gott (Er-Form): Während er, angespannt, aber noch ahnungslos, die Klasse betritt, erwarten ihn bereits fünfundzwanzig Schüler, die grinsend jede seiner Bewegungen verfolgen. Einer geht nach vorn, überreicht den Brief und setzt sich wieder. Der Lehrer öffnet den Brief und liest mit mühsam unterdrückter Erregung: „Wir wünschen nicht mehr von Ihnen unterrichtet zu werden, denn nach dem Vorgefallenen haben wir Endesunterzeichneten kein Vertrauen mehr zu Ihnen und bitten um eine andere Lehrkraft." ...

Seite 77

4 Die Geschichte spielt zur Zeit der Naziherrschaft in einem Gestapogefängnis in einer Atmosphäre ständiger Bedrohung.

Seite 78

5 Z. 6–26: Da beide verschiedene Systeme von Klopfzeichen verwenden, misslingt die Verständigung zunächst.
Z. 26–42: Der Zellennachbar versteht schließlich die Klopfzeichen des Ich-Erzählers wieder.
Z. 43–77: Nun kann der Ich-Erzähler den Zellennachbarn bitten, die Aussage, die für den Ich-Erzähler einem Todesurteil gleichkommt, zurückzunehmen, was jener auch zusagt.
Z. 78–92: Für die Rücknahme der Aussage bedankt sich der Ich-Erzähler mit einer ebenfalls riskanten Aktion: Er lässt dem Nachbarn einen Bleistift, um den dieser gebeten hatte, zukommen.
Z. 93–95: Der Zellennachbar bestätigt per Klopfzeichen die Rücknahme der belastenden Aussage. Der Erzähler hofft, damit gerettet zu sein.

6 *Beispiel:*
In der 1947 veröffentlichten Kurzgeschichte „Die Aussage" von Günther Weisenborn geht es um das gefahrvolle Aufrechterhalten menschlicher Stärken – wie Hilfsbereitschaft – unter unmenschlichen Bedingungen.

Seite 79

8 Wodurch wird die Verständigung zwischen den Häftlingen erschwert und wie gelingt sie schließlich? – Erschwert wird die Verständigung durch die ständige Bedrohung durch die Gestapo wie auch durch die unterschiedlichen Klopfzeichen der beiden Häftlinge, bis K. den entscheidenden Schritt macht und den Kode des Ich-Erzählers benutzt.
Welcher Gedanke führt zu dem Entschluss des Ich-Erzählers, K. um die Rücknahme seiner Aussage zu bitten? – Der Gedanke, dass die Rücknahme die einzige Möglichkeit ist, ein Todesurteil abzuwenden.
Weitere Fragen zu den Figuren und ihrer Konstellation könnten sein:
Hatte K. absichtlich oder zumindest wissentlich eine belastende Aussage gegen den Ich-Erzähler gemacht? – Wahrscheinlich nicht, wie seine Äußerung „Wusste ... ich ... nicht ..." (Z. 57) zeigt.
Wie ist K.s Rücknahme der Aussage zu beurteilen? – Damit gefährdet er sich selbst, da er sich unglaubwürdig machen oder in Widersprüche verstricken könnte.
Sind andere Figuren für die Geschichte wichtig? – Die Gestapo ist zwar ständig als Bedrohung präsent, die Figuren bleiben jedoch anonym: „der Kommissar" (Z. 47), „der Posten" (Z. 4, 84, 89), „das Auge der SS" (Z. 66).

9 b) *Beispiel:*
Sprachlich betrachtet ist die im Präteritum erzählte Kurzgeschichte „Die Aussage" von Günther Weisenborn leicht verständlich und es gibt kaum Fremdwörter. Das Geschehen wird bis Zeile 28 in sehr kurzen Sätzen beziehungsweise Ellipsen wiedergegeben und das Verb „klopfen" kommt sehr häufig vor. Dadurch macht der Autor die Anspannung und Nervosität des Ich-Erzählers deutlich. So erklären sich auch die Parallelismen in Zeile 9 f.: „Er klopfte unregelmäßig zurück. Er verstand nicht. Ich wiederholte, er verstand nicht" und die rhetorische Frage in Zeile 16 f.: „Ob es Morse war?".
Die Ellipse „Keine Verständigung" in Zeile 26 verleiht der tiefen Verzweiflung des Erzählers Ausdruck. Die Sätze werden länger, als die Verständigung zwischen den beiden Häftlingen klappt. Hier, in Zeile 34, ist auch der Höhepunkt der Geschichte anzusiedeln, denn von der gelungenen Kommunikation zwischen den Gefangenen hängt das Leben des Ich-Erzählers ab. Seine Freude drückt er durch eine Metapher aus: „Unser Verstand hatte die schwere Zellenmauer des Gestapokellers überwunden" (Z. 38 f.). In Zeile 52–65 wird der „Dialog" per Klopfzeichen in direkter Rede wiedergegeben. Diese besteht hauptsächlich aus einzelnen Wörtern und Ellipsen und steht darüber hinaus im Präsens – all dies verdeutlicht die Dringlichkeit und Wichtigkeit des Gesprächs. Es endet abrupt, weil plötzlich das „Auge der SS" durch das Guckloch in die Zelle des Erzählers blickt (Z. 66). Der Wachposten erscheint durch diese Bezeichnung nicht mehr als Mensch, sondern wird auf seine Funktion reduziert, auf das Organ, mit dem er die Häftlinge beobachtet. Das Auge ist das Symbol für die allgegenwärtige, aber anonyme Bedrohung, der die Gefangenen ausgesetzt sind.
Als der Ich-Erzähler darüber nachdenkt, dass die Rücknahme der Aussage für ihn vielleicht die Rettung bedeutet, verwendet er den Konjunktiv: „Morgen würden es oben Worte werden, dann würde es ein unterschriebenes Protokoll im Büro sein und eines Tages würde dies alles dem Gericht vorliegen" (Z. 73–76). Hier wird eine Möglichkeit in der Zukunft aufgezeigt, es ist jedoch keineswegs sicher, dass der Erzähler dem Tod entgeht.
Am folgenden Tag führt der Erzähler nach dem Hofgang ein riskantes Manöver durch, um K. für dessen Hilfsbereitschaft zu danken: „Ich eilte heimlich auf Zelle acht zu, riss die Klappe auf, warf die Bleistiftspitze hinein, schloss die Klappe lautlos und stellte mich an meinen Platz" (Z. 84–87). Diese Aufzählung setzt die Gehetztheit des Ich-Erzählers in Worte um, und die sich anschließende Metapher „Das Herz schlug mir bis in den Hals" (Z. 90) verdeutlicht seine Angst und die Gefahr, in die er sich begeben hat.
Die vorletzte Zeile der Kurzgeschichte lautet: „Ich war gerettet" (Z. 94), doch dann folgt sofort die Einschränkung: „Vielleicht" (Z. 95), die durch die Sonderstellung des Wortes noch größeres Gewicht erhält. Der Schluss ist offen, die Zukunft bleibt ungewiss.

10 „Die Aussage" weist viele Merkmale einer Kurzgeschichte auf: Es gibt keine einleitenden Erklärungen, die auf das Kommende vorbereiten (unvermittelter Anfang); ohne Schauplatzwechsel und ohne Hintergrundinformationen wird im Wechsel zwischen Erzählerbericht und Figurenrede eine Episode aus der Haft erzählt (Konzentration auf einen Geschehensausschnitt). An einigen Stellen werden unvollständige Sätze verwendet (Nähe zur Alltagssprache); es bleibt unklar, ob die Rücknahme der Aussage tatsächlich das Todesurteil abwendet (offener Schluss).

11 Mit dem Ich-Erzähler erlebt der Leser das Geschehen unmittelbar, ohne zeitliche Distanz mit, er verfügt nicht über mehr Wissen als die Hauptfigur und steht damit unter der gleichen Anspannung wie sie.

Lösungen

Seite 80

12 Erzählerbericht: „Als ich abends gegen zehn Uhr um mein Leben klopfte ..." (Z. 1 ff.).
Direkte Rede (hier nur als Wiedergabe der Klopfzeichen): „Du ... musst ... deine ... Aussage ... zurücknehmen ..." (Z. 52 ff.)
Indirekte Rede: „[...] der Kommissar hatte gesagt, dass bei mir ,der Kopf nicht dranbleiben' würde" (Z. 47 ff.).
Innerer Monolog und erlebte Rede kommen nicht vor.
Kommentare und Reflexionen: „Das werde ich nie vergessen" (Z. 68 f.)
Szenisches Erzählen: „Du ... musst ... deine ... Aussage ... zurücknehmen ..." (Z. 52–65)

13 Der Schluss bleibt offen: Einerseits bestätigt sich mit der Botschaft „... habe ... Aussage ... zurückgenommen" (Z. 92 f.), dass sich Menschlichkeit behaupten kann, andererseits bleibt die Bedrohung durch die Gestapo in dem „Vielleicht" im letzten Satz der Geschichte gegenwärtig.

14 *Beispiel für eine zusammenhängende Interpretation:*
Einleitung:
In der 1947 veröffentlichten Kurzgeschichte „Die Aussage" von Günther Weisenborn geht es um das gefahrvolle Aufrechterhalten menschlicher Stärken – wie Hilfsbereitschaft – unter unmenschlichen Bedingungen. Der Ich-Erzähler sitzt zur Zeit des Nationalsozialismus in einem Gestapogefängnis und muss mit einem Todesurteil rechnen, da zwei Aussagen gegen ihn vorliegen. Er versucht, mit seinem Zellennachbarn durch Klopfzeichen Kontakt aufzunehmen, um diesen dazu zu bewegen, seine Aussage zurückzuziehen, wodurch das Todesurteil möglicherweise abgewendet würde. Nach einigen Fehlversuchen gelingt die Kommunikation. Doch obwohl der Mithäftling seine Aussage zurücknimmt, ist nicht sicher, ob der Erzähler dem Tod entgeht.

Hauptteil:
Wie die Überschrift bereits andeutet, ist der Angelpunkt der Geschichte eine Aussage bzw. die Rücknahme derselben. Der Ich-Erzähler liegt „abends gegen zehn Uhr" (Z. 1) angespannt auf seiner Pritsche unter einer Wolldecke und klopft mit dem Ende seines Bleistifts gegen die Mauer zur Nachbarzelle. „Wir mussten uns unbedingt verständigen" (Z. 21 f.). Der Zellennachbar klopft zurück, aber trotz etlicher Versuche kommt keine Verständigung zustande, weil beide unterschiedliche Klopfsysteme benutzen. Die Hauptfigur ist verzweifelt und gibt um zwei Uhr morgens auf.
In der folgenden Nacht begreift der Zellennachbar, dass die Anzahl der Klopfer für die Position des jeweiligen Buchstabens im Alphabet steht, und antwortet. Der Ich-Erzähler ist glücklich (Z. 35) und überwältigt (Z. 39 f.). Er schildert, wie er die Zeit in der eiskalten Zelle überbrückt: „Ich ging den Tag etwa 20 Kilometer in der Zelle auf und ab, machte im Monat 60o, in neun Monaten 5400 Kilometer, [...]" (Z. 43–45). Dabei wartet er auf sein Schicksal, auf das Todesurteil. Seine einzige Hoffnung besteht darin, dass sein Zellennachbar, den er K. nennt, die Aussage zurückzieht. Als er ihm dies per Klopfzeichen mitteilt, verspricht K., seine Aussage zurückzunehmen. Er wusste nicht, dass sie für den Ich-Erzähler den Tod bedeutet. Als Gegenleistung möchte er einen Bleistift haben. Als ein Wachposten in die Zelle des Ich-Erzählers blickt, liegt dieser still und lässt sich nichts anmerken. Aber er ist gerührt und hat „Tränen in den Augen" (Z. 68 f.). Er schöpft Hoffnung und stellt sich vor, welche Konsequenzen die Rücknahme der Aussage haben wird (Z. 72–77).
Am nächsten Tag revanchiert sich der Erzähler für die Hilfsbereitschaft seines Mitgefangenen. In einem unbeobachteten Moment kurz nach dem Spaziergang im Gestapohof wirft er die Bleistiftspitze in die Zelle von K., dessen kurzer Anblick ihm unvergessen bleiben wird. Später bestätigt K. per Klopfzeichen, dass er seine Aussage zurückgenommen hat. Doch der Ich-Erzähler zweifelt trotzdem daran, dass er dem Tod entgehen wird.

„Die Aussage" weist viele Merkmale einer Kurzgeschichte auf: Der Anfang ist unvermittelt, es gibt keine einleitenden Erklärungen, die auf das Kommende vorbereiten. Der Autor konzentriert sich auf einen Geschehensausschnitt, ohne Schauplatzwechsel und ohne Hintergrundinformationen wird im Wechsel zwischen Erzählerbericht und Figurenrede eine Episode aus der Haft erzählt. Der Schluss ist offen, denn es bleibt unklar, ob die Rücknahme der Aussage tatsächlich das Todesurteil abwendet. Mit dem Ich-Erzähler erlebt der Leser das Geschehen unmittelbar, ohne zeitliche Distanz mit, er verfügt nicht über mehr Wissen als die Hauptfigur und steht damit unter der gleichen Anspannung wie sie.
Sprachlich betrachtet ist die im Präteritum erzählte Geschichte leicht verständlich und es gibt kaum Fremdwörter. Vor allem durch unvollständige Sätze wird Nähe zur Alltagssprache hergestellt. Das Geschehen wird bis Zeile 28 in sehr kurzen Sätzen beziehungsweise Ellipsen wiedergegeben, und das Verb „klopfen" kommt sehr häufig vor. Dadurch macht der Autor die Anspannung und Nervosität des Ich-Erzählers deutlich. So erklären sich auch die Parallelismen in Zeile 8 f.: „Er klopfte unregelmäßig zurück. Er verstand nicht. Ich wiederholte, er verstand nicht" und die rhetorische Frage in Zeile 16 f.: „Ob es Morse war?". Die Ellipse „Keine Verständigung" in Zeile 26 verleiht der tiefen Verzweiflung des Erzählers Ausdruck. Die Sätze werden länger, als die Verständigung zwischen den beiden Häftlingen klappt. Hier, in Zeile 34, ist auch der Höhepunkt der Geschichte anzusiedeln, denn von der gelungenen Kommunikation zwischen den Gefangenen hängt das Leben des Ich-Erzählers ab. Seine Freude drückt er durch eine Metapher aus: „Unser Verstand hatte die schwere Zellenmauer des Gestapokellers überwunden" (Z. 38 f.). In Zeile 52–65 wird der „Dialog" per Klopfzeichen in direkter Rede wiedergegeben. Diese besteht hauptsächlich aus einzelnen Wörtern und Ellipsen und steht darüber hinaus im Präsens – all dies verdeutlicht die Dringlichkeit und Wichtigkeit des Gesprächs. Es endet abrupt, weil plötzlich das „Auge der SS" durch das Guckloch in die Zelle des Erzählers blickt (Z. 66). Der Wachposten erscheint durch diese Bezeichnung nicht mehr als Mensch, sondern wird auf seine Funktion reduziert, auf das Organ, mit dem er die Häftlinge beobachtet. Das Auge ist das Symbol für die allgegenwärtige, aber anonyme Bedrohung, der die Gefangenen ausgesetzt sind.
Als der Ich-Erzähler darüber nachdenkt, dass die Rücknahme der Aussage für ihn vielleicht die Rettung bedeutet, verwendet er den Konjunktiv: „Morgen würden es oben Worte werden, dann würde es ein unterschriebenes Protokoll im Büro sein und eines Tages würde dies alles dem Gericht vorliegen" (Z. 73–77). Hier wird eine Möglichkeit in der Zukunft aufgezeigt, es ist jedoch keineswegs sicher, dass der Erzähler dem Tod entgeht.
Am folgenden Tag führt der Erzähler nach dem Hofgang ein riskantes Manöver durch, um K. für dessen Hilfsbereitschaft zu danken: „Ich eilte heimlich auf Zelle acht zu, riss die Klappe auf, warf die Bleistiftspitze hinein, schloss die Klappe lautlos und stellte mich an meinen Platz" (Z. 84–87). Diese Aufzählung setzt die Gehetztheit des Ich-Erzählers in Worte um, und die sich anschließende Metapher „Das Herz schlug mir bis in den Hals" (Z. 90) verdeutlicht seine Angst und die Gefahr, in die er sich begeben hat.
Die vorletzte Zeile der Kurzgeschichte lautet: „Ich war gerettet" (Z. 94), doch dann folgt sofort die Einschränkung: „Vielleicht" (Z. 95), die durch die Sonderstellung des Wortes noch größeres Gewicht erhält. Der Schluss ist offen, die Zukunft bleibt ungewiss.

Schluss:
Günther Weisenborn möchte den Leser mit seiner Geschichte nicht nur nachdenklich stimmen und die Unsicherheit des Lebens in einem Unrechtsregime zeigen, sondern auch darauf hinweisen, dass Menschlichkeit und Hilfsbereitschaft selbst

unter unmenschlichen Bedingungen und in scheinbar
hoffnungslosen Situationen möglich sind.
Dass K. seine Aussage zurücknimmt, ist ein großartiges Beispiel
für Hilfsbereitschaft. Obwohl er den Ich-Erzähler nicht kennt,
durch die Rücknahme seiner Aussage seine Glaubwürdigkeit
aufs Spiel setzt und sich damit womöglich selbst in Gefahr
bringt, hilft er seinem Zellennachbarn. Dies ist durchaus als
Aufforderung zu verstehen, dass wir anderen gegenüber
hilfsbereit sein sollen, auch wenn wir keine Gegenleistung
erwarten können. Mitmenschlichkeit ist gerade da am
wichtigsten, wo sie scheinbar nichts ausrichten kann oder wo
nur eine geringe Chance besteht, dass sich etwas ändert.

Seite 81

3 *Beispiel:*
Die Industrie beherrscht den vorstädtischen Lebensraum, in dem
Menschen nicht mehr anzutreffen sind; nur noch die Toten sind
in dieser entmenschlichten Welt zurückgeblieben und
beobachten den Untergang.

Seite 82

4 – rauchende Industrieschornsteine, die in den winterlichen
Abendhimmel ragen
– ein Güterzug, der sich durch die kahle, menschenleere
Vorstadt schleppt
– ein Armenfriedhof, auf dem die Toten, aus ihren Gräbern
heraus oder strickend an eine Wand gelehnt, den
(Sonnen-)Untergang beobachten, wozu die Marseillaise
erklingt

Seite 83

6 düster: „Des schwarzen Himmels" (Vers 3); trostlos: „zwischen
kahlen Bäumen" (V. 5), „Armenkirchhof ragt [...] Stein an Stein"
(V. 9); kalt: „Wintertag" (V. 2), „vereiste Schienen" (V. 7); nachlas-
sende Bewegung, Stillstand: „stehn" (V. 1), „ebbt" (V. 6), „mühsam
schleppt [...] sich" (V. 7f.)

7 *Beispiel:*
Wortwahl und Bilder unterstützen den Eindruck, dass die
industrielle Vorstadt ein düsterer, lebensfeindlicher Ort ist, an
dem sich niemand Hoffnung auf Erlösung machen darf.

8 *Beispiel:*
„Er schmeckt wie starker Wein": Sich den Untergang (der Sonne?
der Welt?) anzusehen, scheint für die Toten wie eine Art
Betäubung zu sein, ein Rausch, der sie ihr trostloses Dasein
vergessen lässt.

9 b) *Beispiel:*
Während ihre kritische Sicht der Zeit einige Frühexpressio-
nisten in Aufbruchstimmung versetzt (manche sogar in
Kriegsbegeisterung, die dann allerdings schnell dem Entsetzen
angesichts der Kriegserfahrungen weicht) und sie mit neuen
Formen experimentieren lässt, bleibt Heym bei traditionellen
Formen (hier: Sonett); er provoziert vor allem dadurch, dass er
keine Hoffnung, keinen optimistischen Blick auf das
(Großstadt-)Leben zulässt, und durch den Kontrast, den er
zwischen Form und Inhalt aufbaut.

Seite 84

1 **Quartette:** Leben in der Großstadt scheint nur noch dahinzu-
kriechen, Erstarrung, Enge, Kälte; Himmelspalast mit goldenen
Stufen allerdings als Verheißung eines besseren Lebens.
Terzette: Trostlosigkeit auch auf dem Armenfriedhof, die Toten
betäuben sich mit dem Anblick des roten Sonnenuntergangs
und einem alten Revolutionslied.

2 Beschreibungen und Stimmungen aus den Quartetten werden in
den Terzetten weitergeführt: Wie die Schornsteine der Großstadt
ragen die Grabsteine schwarz in den Himmel, auch für die Toten
scheint der Sonnenuntergang einen Kontrast zu Dunkelheit,
Kälte und Enge zu bilden und – wie die Marseillaise – zumindest
eine Erinnerung an eine erhoffte Erlösung zu sein.

3 *Beispiel:*
Heyms Gedicht scheint pessimistisch auf eine vollständige
Desillusionierung hinauszulaufen.
Im Gedicht werden Bilder der Hoffnung zitiert: In der Rede vom
„Untergang" (V. 10) und von „goldne(n) Stufen" am Himmel (V. 4)
klingt die christliche Vorstellung des Jüngsten (= letzten) Tages
an, des Tages, an dem die Toten auferstehen, das Jüngste Gericht
stattfindet und für die Gerechten das ewige Leben beginnt. Auch
mit der Marseillaise war eine Hoffnung – das Vertrauen auf
sozialen Fortschritt – verbunden.
Aber der Glaube an die alten Verheißungen ist geschwunden.
Das Weltuntergangsszenario weckt keine Hoffnungen auf ein
besseres Jenseits mehr, die Marseillaise ist nur noch Begleitmu-
sik für ein aussichtsloses, mechanisches Weiterhantieren.

4 *Beispiel:*
Die kunstvolle, regelmäßige Form des Sonetts wirkt wie ein
Korsett, das den düsteren Inhalt des Gedichts zusammenhält.
Ursprünglich (bei Dante, Petrarca und im Barock) hatten Sonette
in erster Linie die Liebe zum Thema, von dem Zusammenspiel
zwischen „schönem" Inhalt und „schöner" Form ist hier jedoch
nichts mehr zu erkennen. Thema und Form stehen in deut-
lichem Kontrast und damit für eine chaotische Welt, in der
nichts mehr zusammenpassen will und die moderne Großstadt
einem Friedhof gleichgesetzt wird.

Seite 86

3 b) **Alliteration:** „Auf **D**ämmen **d**onnern [...]" (V. 5), „Hin zur
Maschine und **m**ürrischem **M**ühn [...]" (V. 13)
Personifikation: der Wind „sprang", „öffnet", „schlägt" (V. 1–
3), „Dampfer und Kräne erwachen [...]" (V. 8), „Verdrossen
klopfen die Glocken [...]" (V. 9)
Ellipsen (V. 2, 3, 4, 5, 7, 11, 12, 13, 15)
Wortwahl:
Adjektive/Partizipien: „eisernen", „blutende" (V. 2), „laut",
„eherne" (V. 4), „rußig" (V. 5), „bleichen" (V. 7, 11), „schmutzig"
(V. 8), „verwitterten" (V. 9)
Verben: fast durchgängig Verben der Bewegung: springen,
öffnen, schlagen, donnern, pflügen, klopfen, gehen, wehen

4 Das Gedicht ist in freien Versen verfasst, es besteht aus 18 Versen,
die vereinzelt Reime aufweisen. Es gibt keine Einteilung in
Strophen, jedoch eine Zäsur nach Vers 13: Nach der Beschreibung
der morgendlichen Stadt wendet sich das lyrische Ich direkt an
den Zuhörer/Leser, den es auf eine Wirklichkeit aufmerksam
machen will („das zärtliche Licht", „zärtliches Grün" (Z. 14 f.), die
im Kontrast zur als „laut" und „schmutzig" empfundenen Stadt
steht.

13

5 **Alliterationen:** Wie die Anfangsbuchstaben der Worte wiederholen sich auch die Vorgänge in der Stadt; Hinweis auf die Monotonie industrieller Abläufe.

Ellipsen: Schaffen eine Atmosphäre der Gehetztheit, in der Stadt stürmen viele zusammenhanglose Eindrücke auf die Menschen ein.

Personifikationen und Wortwahl: Die Personifikationen werden in Vers 10–13 durch die Beschreibung realer Menschen konsequent fortgeführt, die mit ähnlichen Attributen belegt werden wie die Naturerscheinungen im vorhergehenden Abschnitt (Wind: „stark", „geschmeidig"; Mädchen: „wild", „Glieder zur Liebe geschaffen"). Die laute und schmutzige (Industrie-)Stadt bildet somit zwar einen starken Kontrast zu der im zweiten Teil des Gedichts beschriebenen Natur, sie erscheint aber bei van Hoddis – anders als bei Heym – nicht entmenschlicht und kalt, sondern bewegt und lebendig.

Seite 87

2 Der Gutsbesitzer Herr Puntila wird als „verfressen" und „unnützlich" vorgestellt (Z. 12), er steht als „vorzeitliches Tier" (Z. 10) stellvertretend für eine nicht mehr zeitgemäße und überflüssige Gattung, die wie eine „arge Landplage" (Z. 15) beseitigt werden sollte.

„Komisches Spiel" (Z. 4) kündigt an, dass der Zuschauer nicht nur Belehrung, sondern auch gute Unterhaltung erwarten kann.

Seite 88

2 Der Zuschauer soll nicht in das Spiel auf der Bühne hineingezogen werden. Es geht Brecht darum, Distanz zwischen Spiel und Zuschauer zu schaffen.

Statt wie im traditionellen Theater mitzufühlen, soll der Zuschauer sich mit Mitteln der Vernunft mit der dargestellten Wirklichkeit auseinandersetzen.

Er soll im Bühnengeschehen nicht etwas Schicksalhaftes sehen, sondern etwas Veränderliches erkennen.

Die kritisch-distanzierte Haltung der Zuschauer/-innen will Brecht durch verschiedene Kunstgriffe erreichen. Wichtig ist in diesem Zusammenhang der Verfremdungseffekt.

Brechts Technik der Verfremdung zeigt sich in dramaturgischen und sprachlichen Mitteln.

Oft werden Figuren stark typisiert und nicht psychologisch realistisch angelegt, um die Einfühlung der Zuschauer/-innen zu verhindern.

So treten die Schauspieler manchmal aus ihrer Rolle heraus, um Distanz zur dargestellten Rolle zu zeigen.

Bestimmte Wörter (z. B. „Mensch") werden umgedeutet, bekannte Redewendungen in ungewohnte Zusammenhänge gestellt.

Durch Vorwegnahmen zum Gang des Geschehens wird die Aufmerksamkeit von der Spannung auf den Ausgang abgelenkt. Brecht will den Blick vom „Was" auf das „Wie" der Darstellung lenken.

Seite 89

3 a) Das Kuhmädchen tritt aus der Rolle heraus und weist auf die „Kulissen" hin (Z. 18) und auf die Absicht der Schauspieler (vgl. Z. 19 f.).
Verfremdung einer Redewendung: „Doch lichtet sich bereits die Gegenwart" (Z. 2).

b) Der Prolog stellt nicht nur Thema und politische Zielsetzung des Stücks vor (notwendiger Kampf gegen unzeitgemäße soziale Verhältnisse), sondern verhindert durch das Aus-der-Rolle-Treten des Kuhmädchens auch frühzeitig eine Identifikation mit den Figuren.

Seite 92

3 Puntilas Beschreibung aus dem Prolog als „sehr verfressen" und „sich ungeniert bewegend" scheint sich in der Szene sofort zu bestätigen: Durch sein unmäßiges Gebaren wird er tatsächlich als „Tier" vorgeführt, und auch Puntila selbst sieht sich in seinen Anfällen „von totaler, sinnloser Nüchternheit" als Tier (vgl. Z. 112 f.).

4 Z. 1–19: Puntila will das Saufgelage fortsetzen …
Z. 19–46: Ein arroganter Puntila lässt Matti seine Überlegenheit spüren und versucht, ein klares Herr-Diener-Verhältnis herzustellen.
Z. 47–140: Als Matti sich gegen Puntilas Arroganz sperrt, wird Puntila freundlicher und seine Selbstdiagnose setzt ein: Betrunken sei er ein gutherziger Mensch, nüchtern werde er zum Tier, dem jede Unmenschlichkeit zuzutrauen sei.

5 Der Titel des 1. Bildes bringt den Umschwung Puntilas von seiner Haltung der Selbstherrlichkeit zu Ansätzen von Mitmenschlichkeit zum Ausdruck und deutet eine positive Bewertung Mattis an.

6 Die Exposition führt verschiedene Abhängigkeitsverhältnisse vor und stellt Puntila als gespaltenen Menschen dar, der gleichermaßen zu Menschenfreundlichkeit und -verachtung fähig ist.

Seite 93

2 Menschen in untergeordneter Stellung müssen seinem Willen entsprechen, sich von ihm verhöhnen lassen und ihn als unfehlbar anerkennen, dürfen keine eigene Meinung haben, erfüllen für ihn lediglich eine Funktion (daher die Frage: „Was bist du?", Z. 22).

Seite 94

4 **Puntila in nüchternem Zustand:**
– duldet keinen Widerspruch (Z. 6 ff.),
– Menschen haben nur dienende Funktion (Z. 6 ff., 22, 36 ff.),
– Bedürfnisse anderer sind ihm egal (Z. 28),
– hat keine Hemmungen mehr, ist zu allem fähig (Z. 115 ff.),
– hält dies aber selbst für unerträglich (Z. 127 ff.).

Puntila in betrunkenem Zustand:
– gutherzig (Z. 69),
– möchte für Fehlverhalten zurechtgewiesen werden (Z. 82 f.),
– erkennt seine Unmenschlichkeit (Z. 92 ff., 96, 114),
– erkennt die Vorzüge anderer, billigt Mattis Aufrichtigkeit (Z. 88 ff.).

5 Puntila erwartet zunächst Unterwürfigkeit, die ihm Matti auch erweist (er wartet zwei Tage lang im Auto). Mit seinem Widerstand und seiner Kündigung beendet Matti aber diese Unterwürfigkeit, womit sich das Verhalten beider stark verändert: Puntila wirbt nun um die Gunst Mattis, nennt ihn „Bruder" (Z. 115, 119, 127), spricht um Verständnis heischend von seinen eigenen Schwächen und trägt Matti seine Freundschaft an, die dieser allerdings zurückweist (Z. 87).

6 „sternhagelnüchtern" (statt „sternhagelvoll"), „totale, sinnlose Nüchternheit" (Z. 113), „zurechnungsfähig" (als negativer Begriff, Z. 118 ff.) als Hinweis auf die generelle Verkehrtheit der Verhältnisse: Puntila ist nur im Ausnahmezustand der Betrunkenheit „normal", d.h. menschlich.
„[...] über seine eigene Leiche [...] gehen" (Z. 123 f.) weist auf das Selbstzerstörerische in Puntilas Verhalten hin.
Mit den Sätzen „wenn ich dich übern Aquavit hingerudert hab" und „ich [...] wandle auf dem Aquavit" (Z. 15 ff.) unterstreicht Puntila seine gottgleiche Machtstellung, spielt aber auch auf die zentrale Rolle des Alkohols in seiner „Religion" an.

Seite 95

1 **Verfremdungseffekte:**
Puntila spielt das Wandeln auf dem Aquavit vor (Z. 18 f.) und verweist damit auf die Tatsache, dass auch dieses Theaterstück nur ein Spiel ist (Verhinderung von Identifikation mit dem Ziel der vernunftorientierten Auseinandersetzung); Figuren entsprechen nicht den Erwartungen oder übererfüllen sie (Richter fällt vom Stuhl, „Knecht" Matti widerspricht und kündigt, dagegen passt der Ober sogar die Zählung der Wochentage den Wünschen Puntilas an. Puntila selbst schwankt zwischen extremer Anmaßung und Zerknirschung), was ebenfalls die Einfühlung erschwert und zudem als politische Botschaft verstanden werden kann, dass Rollen- und Gesellschaftsmuster durchbrochen werden können.

2 Die Darstellung der Zerrissenheit Puntilas kann als Appell an den Zuschauer verstanden werden, auf soziale Verhältnisse hinzuarbeiten, in denen sich Freundlichkeit und Mitmenschlichkeit nicht nur im Rausch Bahn brechen, sondern dauerhaft verwirklicht werden können.

P 936335